La Red de

COMPAÑERISMO *en Cristo*™

¡Más de lo que se imagina!

Compañerismo en Cristo ofrece a los líderes mucho más que un recurso impreso. Les ofrece una red que provee:

- Oportunidades para relacionarse con otras iglesias que están usando *Compañerismo en Cristo*
- Sugerencias y artículos útiles para el liderato así como listas al día de recursos suplementarios
- Oportunidades para adiestramiento que desarrolle y profundice las destrezas de liderato usado en grupos de formación
- Personal disponible para dialogar con usted sobre las necesidades de su grupo pequeño
- Un cuarto de discusión electrónica donde puede compartir y recibir información
- Una Guía de Inicio disponible para descargar gratuitamente por vía electrónica a través de www.companionsinchrist.org. La Guía está llena de recursos prácticos para ayudar a comenzar un grupo en su iglesia.

Sólo tiene que completar este formulario y enviarlo por correo, y podrá disfrutar de muchos de los beneficios disponibles para los líderes a través de la Red de *Compañerismo en Cristo*.

❏ Añada mi nombre a la lista de correo de manera que pueda recibir información regular por correo sobre recursos y capacitación de líderes de grupos pequeños.

❏ Añada mi nombre a la lista de correo de manera que pueda recibir información regular por correo electrónico sobre recursos y capacitación de líderes de grupos pequeños.

Nombre: _____

Dirección: _____

Ciudad/Estado/Código postal/País: _____

Iglesia: _____

Dirección electrónica: _____ Teléfono: _____

Para obtener información sobre eventos de entrenamiento
para líderes, visite
www.companionsinchrist.org

COMPAÑERISMO en Cristo

Una Experiencia de Formación Espiritual en Grupos Pequeños

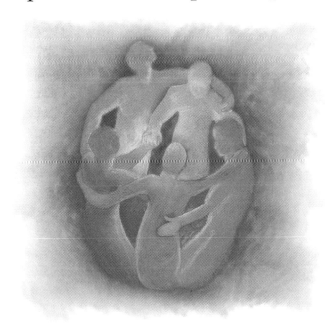

Guía del Líder

Stephen D. Bryant, Janice T. Grana, Marjorie J. Thompson

UPPER ROOM BOOKS®
NASHVILLE

COMPAÑERISMO EN CRISTO
Guía del Líder
Derechos de autor © 2001 por Upper Room Books.® Todos los derechos reservados para la edición en español © 2004 por Upper Room Books.®

The Upper Room® sitio Web: www.upperroom.org

A menos que se indique de otra manera, las citas bíblicas son tomadas de La Santa Biblia, Versión Reina-Valera Revisión de 1995. Derechos reservados por Sociedades Bíblicas Unidas. Usada con permiso.

Las citas bíblicas designadas VPEE son de La Biblia en Versión Popular, Edición de Estudio © Sociedades Bíblicas Unidas, 1994.

Todos los himnos recomendados se encuentran en el himnario *Mil Voces para Celebrar* (Nashville, Tenn.: United Methodist Publishing House, 1996).

Traducido: Leticia Guardiola-Sáenz
Diseño de la portada: Lori Putnam/Putnam Graphics
Arte de la portada: Carter Bock
Sugerencias para el arte de la portada: Marjorie Thompson
Primera impresión: 2004
Impreso en Estados Unidos de América

ISBN 0-8358-9852-0

**Para más información sobre *Compañerismo en Cristo,*
llame al 1-800-491-0912 o visite www.companionsinchrist.org**

Contenido

Reconocimientos

Compañerismo en Cristo es verdaderamente el resultado de los esfuerzos de un equipo de personas que tuvo una visión en común. Este grupo de personas contribuyó generosamente con su conocimiento y experiencia para desarrollar un recurso para grupos pequeños que comprometiera creativamente a las personas en una jornada de crecimiento y descubrimiento espiritual. Los autores de las lecturas semanales en el Libro del Participante fueron Gerrit Scott Dawson, Adele González, E. Glenn Hinson, Rueben P. Job, Marjorie J. Thompson, y Wendy M. Wright. Stephen Bryant fue el autor principal de los ejercicios diarios y de la Guía del Líder. Marjorie Thompson creó el diseño original y participó en la edición total de este material. Keith Beasley-Topliffe sirvió como consultor en la creación del proceso para las reuniones en grupos pequeños y contribuyó con numerosas ideas que influenciaron la forma final de este recurso. En las etapas tempranas de desarrollo de este recurso, dos grupos de consultores leyeron y respondieron al borrador inicial del material. Las personas que participaron como miembros de esos grupos de consultores fueron Jeannette Bakke, Avery Brooke, Thomas Parker, Helen Pearson Smith, Luther E. Smith Jr., Eradio Valverde Jr., Diane Luton Blum, Carol Bumbalough, Ruth Torri, y Mark Wilson. Previo a la publicación, grupos de prueba de las siguientes iglesias usaron el material y dieron sugerencias muy útiles para mejorar el Libro del Participante y la Guía del Líder.

First United Methodist Church, Hartselle, Alabama
St. George's Episcopal Church, Nashville, Tennessee
Northwest Presbyterian Church, Atlanta, Georgia

Reconocimientos

Garfield Memorial United Methodist Church, Pepper Pike, Ohio
First United Methodist Church, Corpus Christi, Texas
Malibu United Methodist Church, Malibu, California
First United Methodist Church, Santa Monica, California
St. Paul United Methodist Church, San Antonio, Texas
Trinity Presbyterian Church, Arvada, Colorado
First United Methodist Church, Franklin, Tennessee
La Trinidad United Methodist Church, San Antonio, Texas
Aldersgate United Methodist Church, Slidell, Louisiana

Mi profunda gratitud va para todas estas personas y grupos por su contribución y apoyo para *Compañerismo en Cristo.*

—Janice T. Grana, editora de *Compañerismo en Cristo*
Abril del 2001

Introducción

Bienvenido, bienvenida a *Compañerismo en Cristo*, un recurso de formación espiritual en grupos pequeños. *Compañerismo en Cristo* está diseñado para crear un ambiente donde usted y otras personas en su iglesia puedan responder al llamado de Dios a una comunión más profunda y plena en Cristo—como individuos, como miembros de un grupo pequeño, y como parte de una congregación. Este material se enfoca en su experiencia de Dios y en el descubrimiento de prácticas espirituales para participar más plenamente en la vida de Cristo. Los participantes explorarán el potencial de la comunidad cristiana como un contexto de gracia y mutua dirección a través del Espíritu. El grupo pequeño crecerá a medida que juntos busquen conocer y responder a la voluntad de Dios. Su congregación también crecerá conforme usted y sus compañeros/as comiencen a traer lo que han aprendido a todas las áreas de la vida de la iglesia, desde las clases y reuniones hasta la adoración y el alcanzar a otros.

Compañerismo en Cristo también está diseñado para desarrollar personas como usted para que desempeñen papeles de liderazgo guiando la vida espiritual de la congregación. Este recurso le provee un compendio de la vida espiritual cristiana y las prácticas que ayudan a las personas a entrar en el patrón formativo de la vida en Cristo, una vida de oración, estudio y servicio. *Compañerismo* lo expone a una sabiduría espiritual y dirección extraídas del espectro total de nuestra histórica herencia cristiana, incluyendo contribuciones de los primeros líderes cristianos y reformadores, así como también escritores espirituales modernos. Más significativamente, esta Guía del Líder le ayudará a proveer un espacio de bienvenida para que las personas de su grupo busquen a Dios, compartan sus vidas en

Cristo, y exploren prácticas de apertura a la dirección del Espíritu. Lo que aprenda en su papel como líder le ayudará en su participación en otros ministerios de formación espiritual dentro de su congregación.

Antes de ver el contenido y esquema de *Compañerismo en Cristo,* debe considerar de qué manera este material responde a dos preguntas importantes. Primero, ¿de qué manera puede ayudarle *Compañerismo en Cristo,* a usted y a su grupo, a crecer espiritualmente? Le capacita para sumergirse en «ríos de agua viva» a través de las disciplinas de la oración, Escritura, estudio, adoración, ministerio, y conversación cristiana. Estos medios de gracia son las formas comunes por medio de las cuales Cristo se encuentra con la gente, renueva su fe, y sumerge su vida de comunidad en amor.

- A través de *Compañerismo,* explorará las profundidades de la Escritura, aprenderá a escuchar a Dios a través de ella, y permitirá que su vida sea moldeada por la Palabra.

- A través de *Compañerismo,* experimentará nuevas dimensiones de la oración, probará nuevas formas de abrirse a Dios, y aprenderá lo que significa practicar la presencia de Dios.

- A través de *Compañerismo,* reflexionará en el llamado de Cristo a su vida y descubrirá de nuevo los dones que Dios le está dando para que viva su ministerio personal.

- A través de *Compañerismo,* usted y los miembros de su grupo crecerán juntos como una comunidad cristiana y obtendrán destrezas en aprender cómo los grupos pequeños dentro de la iglesia pueden llegar a ser espacios para dirección espiritual.

Segundo, ¿para quién está diseñado *Compañerismo en Cristo? Compañerismo en Cristo* es para personas espiritualmente hambrientas que están buscando una experiencia más profunda con Dios en conjunto con otras personas dentro de la comunidad cristiana. Aunque *Compañerismo* no es un curso de introducción al cristianismo para nuevos creyentes, es un estudio para gente de iglesia que quiere explorar de manera nueva las disciplinas básicas de la fe y los caminos de un crecimiento a lo largo de toda la vida en Cristo. Si bien *Compañerismo* asume una familiaridad básica con la Biblia, la que uno puede adquirir en la escuela dominical, es para personas que no piensan que tienen todas las respuestas, para quienes están dispuestas a escuchar la Escritura en nuevas maneras, y quienes conocen su necesidad de crecer en la gracia de Dios.

Compañerismo en Cristo tiene dos componentes primarios: (1) lectura individual y ejercicios diarios a lo largo de la semana con el Libro del Participante y (2) dos horas semanales de reunión basada en sugerencias tomadas de la Guía del Líder. Para cada semana, el Libro del Participante tiene una lectura semanal que presenta nuevo material y cinco ejercicios diarios para ayudar a los participantes a reflexionar en sus vidas a la luz del contenido de la lectura. El objetivo de estos ejercicios es el de ayudar a los participantes a pasar de la información (conocimiento acerca de) a la experiencia (conocimiento de). Una parte importante de este proceso es mantener un cuaderno personal o diario donde el participante escriba sus reflexiones, oraciones y preguntas que pueda revisar más tarde, y que sirvan de referencia para la reunión semanal del grupo. Treinta minutos diarios es el compromiso que se requiere para hacer este ejercicio. La reunión semanal incluirá tiempo para reflexionar en los ejercicios de la semana que ha pasado, para profundizar en lo aprendido en las lecturas diarias, para tener experiencias de oración en grupo, y para considerar formas de compartir con la congregación lo que se ha aprendido o experimentado.

El material de *Compañerismo en Cristo* cubre un período de veintiocho semanas divididas en cinco partes o unidades, así como también una reunión de preparación y el retiro de clausura.

Las cinco partes son las siguientes:

1. *Adoptar la jornada: El camino de Cristo* (cinco semanas)—una exploración básica de la formación espiritual como un peregrinaje hacia la santidad y plenitud, individualmente y en comunidad, a través de la gracia de Dios.

2. *Alimentarse de la Palabra: La mente de Cristo* (cinco semanas)—una introducción a varias maneras de meditación y oración con la Escritura.

3. *Profundizar en la oración: El corazón de Cristo* (seis semanas)—una experiencia dirigida de varias formas y estilos de oración.

4. *Responder al llamado: La obra de Cristo* (cinco semanas)—una presentación de la vocación o el llamado: dar nuestro ser a Dios en obediencia radical y recibir los frutos y dones del Espíritu Santo.

5. *Explorar la dirección espiritual: El Espíritu de Cristo* (cinco semanas)—un compendio de diferentes formas de recibir y dar dirección espiritual, tanto en relaciones de uno a uno, como en crecimiento espiritual en grupos, y en la dirección espiritual en la vida congregacional como un todo.

Es posible que los grupos quieran tomar un pequeño receso de una o dos semanas después de cada parte para dar un poco de tiempo de reflexión no estructurada o evitar reunirse cerca de días festivos. Sin embargo, las partes están diseñadas para tomarse en secuencia.

Sería difícil y no es aconsejable que entren nuevos miembros al proceso una vez que el grupo ha establecido cierta confianza e identidad.

La Red de Compañerismo en Cristo

Una dimensión adicional de *Compañerismo en Cristo* es su Red. Mientras usted y su grupo están experimentando *Compañerismo en Cristo*, hay grupos en otras congregaciones que también se estarán reuniendo. La Red provee oportunidades para que compartan sus experiencias unos con otros y se conecten en una variedad de formas significativas. A medida que se mueva a través del recurso, habrá ocasiones en las que se le pedirá orar por otro grupo, enviar saludos o ánimo, o su grupo recibirá apoyo de otro de los grupos. Conectarse de estas formas enriquecerá la experiencia de su grupo y la experiencia de aquellos a quienes usted se allegue.

La Red también provee un lugar para compartir conversaciones e información. El sitio Web de *Compañerismo*, www.companionsinchrist.org, incluye un cuarto de discusión donde usted puede ofrecer sus ideas, formular preguntas, y responder a otros en un proceso continuo de aprendizaje compartido. El sitio Web ofrece una lista de otros grupos de *Compañerismo* y sus ubicaciones geográficas de tal manera que pueda hacer contacto con ellos según se sienta guiado/a.

En este sitio se anunciará la información sobre los lugares y fechas para las Orientaciones para el Líder (entrenamiento básico de un día) y los Entrenamientos para el Líder (tres días de entrenamiento avanzado). También encontrará sugerencias y recursos adicionales.

La Red de *Compañerismo* es un componente versátil y dinámico que forma parte de los recursos generales de *Compañerismo*. El número telefónico gratis de la Red es 1-800-491-0912 y está atendido durante horas regulares de oficina por un especialista en recursos.

El papel de un líder de grupo pequeño

Dirigir un grupo de formación espiritual difiere en muchas maneras de lo que es enseñar una clase. La diferencia más obvia está en su meta básica como líder de grupo. En una clase, usted tiene una información particular (hechos, teorías, formas de hacer ciertas cosas) que quiere transferir o comunicar. Al final de la clase puede medir su éxito, si los participantes demuestran haber comprendido algo de la información. En un grupo de formación espiritual su meta es hacer posible el crecimiento espiritual de cada miembro del grupo. Usted está trabajando en conjunto con el Espíritu Santo, quien por sí solo puede traer transformación al corazón humano. Aquí, adquirir sabiduría es más importante que adquirir conocimiento, y crecer en santidad es más importante que adquirir cualquiera de los dos, conocimiento o sabiduría. El éxito, si es que tiene algún significado en este contexto, será evidente durante meses y aún años en las vidas transformadas de los miembros del grupo.

Las clases tienden a ser orientadas a la tarea. En cambio, los grupos de formación espiritual tienden a ser más orientados al proceso. Aunque los miembros del grupo hayan tenido una preparación común por medio de la lectura y los ejercicios diarios, las discusiones de grupo pueden moverse en direcciones que usted no esperaba. Necesitará estar abierto al movimiento del Espíritu Santo y alerta para discernir la diferencia entre seguir la dirección del Espíritu o salirse por la tangente. Ese discernimiento requiere escuchar con cuidado y en devoción. En su rol como líder de grupo escuchar será mucho más importante que hablar.

Finalmente, las clases tienen como foco principal algún conjunto de información objetiva. Puede ser un pasaje bíblico, información de un libro, o interpretaciones de eventos actuales. En un grupo para formación espiritual, sin embargo, el foco principal está en la experiencia personal de fe de cada miembro del grupo. Cada persona está buscando entender y estar abierta a la gracia y revelación de Dios. Aun cuando los miembros del grupo hayan leído y reflexionado en algún pasaje de la Escritura, la base para la discusión del grupo no es «¿Qué fue lo que el autor intentó decir a los lectores de ese tiempo?» sino «¿Cómo este pasaje conecta con mi vida o ilumina mi experiencia?» La discusión será un compartir de experiencias, no un debate sobre ideas. Usted servirá de modelo de esa forma personal de compartir a través de su participación en cada una de las partes de la reunión del grupo. El tipo de liderazgo que se necesita difiere del de un profesor tradicional de una clase de escuela dominical o de un facilitador de un grupo pequeño. Como líder, usted leerá el material y completará los ejercicios diarios igual que los demás participantes y traerá sus respuestas para compartir en el grupo. Usted estará guiando al grupo al compartir honestamente sus reflexiones, y al tratar de equipar a los miembros del grupo para que se escuchen cuidadosamente unos a otros y al Espíritu que está presente en medio de ustedes.

Dirigir un grupo para formación espiritual requiere cualidades particulares. Principalmente entre ellas están la paciencia y la confianza. Necesitará paciencia para dejar que las cosas sucedan tal como sucedan. La formación espiritual es un proceso de por vida. Puede ser difícil identificar cualquier gran adelanto que se dé durante los varios meses en que el grupo de *Compañerismo en Cristo* se reúna. Es posible que tenga que pasar un tiempo antes de que los miembros del grupo se ajusten al propósito y estilo de un proceso de grupo formacional. Como líder, necesita decidir que cuando formule una pregunta, usted no tiene la «respuesta correcta» en mente, y que realmente desea que los participantes hablen de su propia experiencia. Establecer el ejemplo de compartir su experiencia en lugar de proclamar verdades abstractas o de hablar sobre las experiencias de otros cristianos muy conocidos, permitirá que esa dinámica se dé en el grupo. Necesitará confiar en que el Espíritu Santo de hecho ayudará a los miembros del grupo a ver o escuchar lo que verdaderamente necesitan. Usted puede ofrecer lo que considera un gran punto de vista al que quizá nadie responda. Si eso es lo que el grupo necesita, el Espíritu traerá el tema nuevamente en un tiempo más oportuno. Susan Muto, una escritora moderna de formación espiritual, siempre dice que necesitamos «hacer espacio para que pase la gracia». No hay atajos para el crecimiento espiritual. Sea paciente y confíe en el Espíritu.

Saber escuchar es otra cualidad crucial del líder de un grupo de formación espiritual. Esto no significa simplemente escuchar a que la gente diga lo que usted espera que diga, para enseguida saltar a la conversación y reforzarlos. Necesita escuchar lo que en realidad está pasando. Lo que está sucediendo realmente en las mentes y corazones de los participantes, puede ser algo muy diferente a lo que esperaba después de haber hecho usted mismo su lectura del material y los ejercicios semanales. Mientras escucha, quizá quiera tomar breves notas sobre algunos temas que emerjan en la discusión. ¿Hay algún tipo de experiencia particular que esté al centro de lo que se comparte? ¿Está surgiendo alguna dirección particular o entendimiento común—un indicio de la voluntad de Dios o un sentimiento compartido de lo que fue especialmente de ayuda para varios miembros del grupo? ¿Hay alguna acción que los miembros del grupo necesitan tomar juntos o individualmente a fin de avanzar o responder a un sentido de llamado que está surgiendo? ¿Qué es lo que oye una y otra vez?

Un líder de grupo también necesita aceptar. Aceptar que los miembros del grupo pueden haber tenido experiencias espirituales completamente diferentes a las suyas. Aceptar que la gente a menudo ve las experiencias comunes en diferentes maneras. Habrá quienes se estremezcan por algo que a usted no le causa ninguna impresión, mientras otros pueden quedarse fríos ante cosas que a usted realmente le emocionan o conmueven. A medida que usted modela aceptación, ayudará a fomentar la aceptación de las diferencias de uno y otros dentro del grupo. Además de aceptar las diferencias, necesitará aceptar la falta de cierre o conclusión. Las reuniones de grupo rara vez atan todos los cabos sueltos como quien ata un lindo regalo. Algunas preguntas candentes quedarán en suspenso. Si son importantes, volverán a surgir (lo que nos trae de vuelta a la paciencia y la confianza). Prepárese para aceptar las emociones de la gente junto con sus ideas y experiencias. Lágrimas, miedos, gozo y enojo tienen que ser recibidos como respuestas legítimas a lo largo de esta jornada. Una expresión importante de la aceptación es el «dar permiso». Permita que la gente crezca y comparta a su propio paso. Déjele saber a los miembros del grupo, desde la primera reunión, que aunque usted les anima para que tengan una participación completa en cada parte del proceso, ellos son libres de «optar por excluirse» de cualquier cosa que les haga sentir realmente incómodos. A nadie se le forzará a compartir o a orar sin su consentimiento. «*Donde está el Espíritu del Señor, allí hay libertad*» (2ª a los Corintios 3:17).

Es particularmente importante evitar tres tendencias comunes:

1. *Enmendar*. Cuando alguien presenta un problema específico, será muy tentador querer encontrar una solución y «reparar» el problema. Generalmente resolver un problema nos hace sentir mejor. Quizá hace que nos sintamos sabios o poderosos, o ayuda a romper la tensión, pero no ayudará a que la otra persona crezca. Además, ¡podemos estar dando la solución incorrecta! Es mucho mejor, si usted ha tenido un problema similar, hablar sobre su propia experiencia y lo que le funcionó en su caso. Si no ha tenido una experiencia directa, quizá en el grupo alguien más la haya tenido.

2. *Proselitismo*. Usted sabe lo que le ha traído cerca de Dios. Naturalmente le gustaría que todo el mundo lo supiera. Puede ofrecer su propia experiencia al grupo, pero es peligroso espiritualmente tratar de convencer a todos a seguir su camino. Aquí es donde su conocimiento y sabiduría entran en juego. Teresa de Ávila dijo que si ella tuviera que elegir entre un director espiritual santo y uno erudito, ella escogería al erudito. El santo posiblemente sería capaz de hablar solo de su caminar espiritual. Mientras que el erudito podría al menos reconocer las experiencias de otra persona por haber leído sobre esas experiencias. Es mucho más útil ser capaz de explicar y celebrar la experiencia de alguien más, que exhortar a que otros traten de seguir el camino que usted tomó.

3. *Controlar*. Muchas de las personas estamos acostumbradas a llenar el silencio con algún comentario. Puede ser tentador vernos a nosotras mismas como personas expertas, con una respuesta apropiada para cualquier cosa que la gente diga; en otras palabras, tenemos la tendencia a dominar y controlar la conversación. Aquí, nuevamente, son esenciales la paciencia y el saber escuchar. No tenga miedo del silencio. Su capacidad de sentirse bien con el silencio le permitirá ser una «presencia no ansiosa» en el grupo. Si de verdad no puede soportar un silencio prolongado, es mejor romperlo con una invitación a que

alguien (quizá alguien que ha estado callado todo ese tiempo) comparta un pensamiento, un sentimiento o una pregunta, en vez de dar un comentario suyo.

Si este estilo de liderazgo le parece desafiante o no familiar, por favor considere seriamente asistir al entrenamiento para líderes de *Compañerismo en Cristo*. Aunque no se requiere entrenamiento para los líderes de este recurso, se anima y recomienda altamente que la persona líder se entrene.

Expectativas para la sección «Compartir ideas» de cada reunión

Esta sección ofrece un proceso básico para la primera hora de su reunión de grupo, de las partes tituladas «Apertura» y «Compartir ideas» en los planes de la lección. El modelo que seguirá durante este tiempo puede ser usado para cualquier otro grupo pequeño de crecimiento espiritual. En otros grupos, podría sustituir las lecturas de un clásico espiritual o meditación de pasajes selectos de la Escritura por las lecturas y ejercicios de *Compañerismo en Cristo*.

El primer paso en la sesión de grupo es la oración y un tiempo de meditación silenciosa. Invocar la presencia guiadora del Espíritu Santo es muy importante en la «Apertura» o en la reunión semanal del grupo (vea «Bosquejo general de cada reunión de grupo», páginas 16–19).

La mayor parte de la sección «Compartir ideas» de la reunión de grupo se enfocará en miembros individuales que hablarán sobre sus experiencias con los ejercicios diarios. Anime a los participantes a que traigan sus diarios para refrescar su memoria con los apuntes de los ejercicios semanales. Usted, como líder, por lo general será el modelo al empezar a compartir primero. Lo que usted comparta dará el tono para el resto del grupo. Procure ser breve al compartir (dos o tres minutos) a fin de permitir más tiempo para que otras personas compartan lo suyo. Sobre todo, sea específico, al dar su respuesta a uno de los ejercicios. No necesita anunciar un tema general. El resto del grupo habrá leído el material y habrá hecho los ejercicios. Si lo que comparte es general o abstracto, los otros participantes estarán menos inclinados a compartir sus experiencias personales. En ocasiones, esta guía le ofrecerá sugerencias para lo que se ha de compartir. Sígalas sólo si reflejan su propia respuesta al material. Su participación inicial en esta parte de la reunión del grupo es su tarea más importante como líder. Considere cuidadosamente cada semana lo que le gustaría compartir, esté consciente de cómo lo que comparte ayudará a establecer confianza en el grupo, así como también el propósito serio de esta parte de la reunión.

Durante el tiempo de «Compartir ideas», su trabajo principal es escuchar. Primeramente escuchar los temas—experiencias similares que sugieran una verdad general sobre la vida espiritual, respuestas semejantes a las lecturas que puedan indicar una palabra que Dios quiere que el grupo escuche, o experiencias recurrentes que pueden ofrecer ayuda práctica a otros miembros del grupo a medida que tratan de oír y responder al llamado de Dios. Tome notas sencillas para que luego pueda comentar sobre estos temas cuando el momento de «Compartir ideas» termine. También invite a los demás miembros del grupo para que compartan cualquier tema o modelos que hayan identificado en la discusión. Puede escuchar las diferencias clave en las experiencias de los participantes y afirmar la variedad de formas en que Dios habla y nos guía a cada uno de nosotros. Necesita estar alerta a la tentación de los participantes de «enmendar» los problemas de los demás, controlar la conversación, o hacer proselitismo. Gentilmente recuérdeles que deben compartir sus propias experiencias o reacciones. La misma guía se aplica si un participante menciona a alguien más como ejemplo, ya sea una persona de dentro del grupo o de afuera. Nada puede destruir la confianza del grupo tan rápidamente como el revelar las confidencias de otros.

Puede evitar problemas estableciendo ciertas reglas fundamentales para compartir en el grupo. En la reunión de preparación, explicará los varios componentes de cada reunión semanal. Será bueno compartir la naturaleza de este tiempo de compartir y establecer algunas reglas fundamentales y básicas para el grupo. Estas son algunas sugerencias:

- Hable solamente por usted respecto a creencias, sentimientos y respuestas.

- Respete y reciba lo que otros presentan, aún si no está de acuerdo.

- Escuchar es más importante que hablar. Evite hablar a la vez que otra persona, interrumpir, hablar por otros o tratar de «arreglar» los problemas de los demás.

- Honre las diferentes maneras en las que Dios trabaja con los individuos.

- No tenga miedo del silencio. Úselo para escuchar al Espíritu en su medio.

- Mantenga la confidencialidad. Lo que se comparte en el grupo debe permanecer en el grupo.

- Reconozca que todos los miembros del grupo tienen permiso de compartir únicamente lo que desean y cuando estén listos para compartir.

Quizá usted quiera añadirle algo a esta lista antes de compartirla con el grupo.

Unos cuantos minutos antes de que el momento de compartir termine, diga en voz alta los temas que haya anotado durante la discusión: resuma lo que verdaderamente ha oído, ésta no es una oportunidad de decir «la última palabra» sobre los varios temas de la discusión. Puede ser sumamente breve: «He notado que esta semana a varios de nosotros nos llamó la atención la parábola del banquete del Ejercicio 4. Me pregunto si Dios está tratando de llamar nuestra atención a algo especial—quizá la selectividad de nuestra iglesia al invitar a otros». Recuerde que este no es un tiempo para promover la discusión a un nivel más abstracto, pero sí es un tiempo para resumir y poner juntos ciertos temas de la discusión, que ya tuvo lugar.

Finalmente, quizá quiera cerrar esta parte de la reunión de grupo con una oración. Puede orar por que se profundice en ciertos temas, por la habilidad para dar seguimiento a los temas o por dirección para realizar lo que se ha escuchado, o por la guía de Dios respecto a preguntas que se han dejado pendientes. Quizá sentirá el deseo de orar por una situación que se ha mencionado particularmente. Si lo desea, invite a todos los miembros del grupo que quieran participar a que ofrezcan sus propias oraciones en frases sencillas.

Bosquejo general de cada reunión de grupo

La reunión semanal del grupo seguirá típicamente el bosquejo que se explica abajo. Dentro del bosquejo hay en general dos movimientos: uno enfatiza primordialmente compartir ideas y aprender de las lecturas semanales y los ejercicios diarios; la otra primordialmente desarrolla un entendimiento más profundo de las disciplinas o prácticas espirituales. El primer movimiento por lo general será una discusión de grupo como la descrita en la sección anterior. Algunas veces, especialmente al principio, será necesario un acercamiento más estructurado. La segunda parte de la reunión, llamada «Exploración profunda», ampliará las ideas contenidas en las lecturas semanales, presenta prácticas de los ejercicios espirituales que se han enseñado en la lectura, o dará a los miembros del grupo una oportunidad de reflexionar en las implicaciones de lo que están aprendiendo para su propia jornada y para la iglesia. Puede incluir un breve adelanto si hace falta una preparación especial para la siguiente semana.

Ambos movimientos tienen la intención de ser tiempos de formación. En el primero, el foco está en las respuestas de los miembros del grupo a las lecturas semanales y los ejercicios. En el segundo, el foco está en expandir y profundizar el contenido de la lectura.

Considere cuidadosamente el lugar donde se reunirá el grupo. Es importante un espacio cómodo para el proceso del grupo. A menudo, el mejor arreglo es un círculo de sillas confortables o sofás. En ocasiones los participantes necesitarán una mesa para escribir. Como en algunas ocasiones el grupo se dividirá en pares o tríadas, es importante también que haya un espacio para separarse. El lugar de la reunión necesita ser un lugar relativamente tranquilo y pacífico.

Es conveniente crear un ambiente de adoración para el grupo, al menos para los momentos de la apertura y cierre. Esto puede ser tan sencillo como poner una vela en una pequeña mesa en el centro del círculo de personas. Puede ser más elaborado, usando fotos, esculturas, flores, cubiertas o mantos que cambien de semana a semana. Quizá alguien dentro del grupo disfrute arreglando el centro de adoración como un proyecto especial. O usted podría rotar la responsabilidad de crear el centro de adoración. De cualquier manera, será bueno que tenga algunos elementos disponibles a la mano como reserva para arreglar el lugar de adoración. Recuerde que el propósito de este arreglo es ayudar a los participantes a que se centren en la presencia de Dios; por lo tanto, haga que el foco de la adoración se encuentre en la parte central del círculo o sea parte del círculo.

APERTURA (10 MINUTOS)

Este tiempo breve de adoración dará a los miembros del grupo la oportunidad de hacer silencio y prepararse para la reunión a seguir. Cada grupo descubrirá eventualmente qué es lo que funciona mejor para sus miembros. La Guía del Líder ofrece algunas sugerencias específicas, pero si desea, puede desarrollar su propio patrón de oración y recogimiento. Algunas posibilidades para la adoración y apertura incluyen: (1) cantar un himno juntos, ya sea el mismo himno que siempre se cante al inicio de cada sesión o uno nuevo que se escoja cada semana; (2) silencio; (3) encender una vela; (4) lectura de la Escritura; (5) oración individual, planeada o improvisada; u (6) oración de grupo usando una oración memorizada o escrita. Algunos himnos o coros apropiados para este momento de empezar pueden ser «Dulce Espíritu», #186; «Oh, deja que el Señor», #190; «Sé que el Espíritu», #344; «Sé que el Espíritu», #73; «Solo tú eres santo», #73; «Satúrame, Señor», #182; «Jesús es mi Rey soberano», #54; o «Maravilloso es», #172.

COMPARTIR IDEAS (45 MINUTOS)

El contenido de esta parte de la reunión viene de las lecturas del material para la semana y el trabajo a través de los cinco días de ejercicios diarios que los miembros del grupo han completado desde la última reunión. Si los miembros fallan en leer el material o saltan los ejercicios diarios, se quedarán atrás. Si muchos vienen sin prepararse, el proceso del grupo simplemente no funcionará. Los grupos de discusión generalmente seguirán el modelo dado bajo la sección de cada reunión «Expectativas para 'Compartir ideas'». Como ya en la «Apertura» se ha orado y dado un tiempo de recogimiento, esta sección empezará con lo que usted comparta como líder del grupo, continuará con la discusión del grupo, y terminará con un resumen del material que usted piense que es útil, seguido de una breve oración. Necesitará estar pendiente del tiempo a fin de traer la discusión a un cierre y tener tiempo para el resumen y la oración. Ocasionalmente este tiempo deberá estructurarse de manera diferente como para presentaciones personales y autobiografías espirituales.

RECESO (10 MINUTOS)

El receso del grupo sirve para varios propósitos físicos, mentales y emocionales importantes. También permite un tiempo para refrigerio si usted hace arreglos para que alguien provea la comida. No descuide o reduzca el tiempo del receso, y asegúrese de que usted como líder también tome el receso.

EXPLORACIÓN PROFUNDA (45 MINUTOS)

Esta parte de la reunión de grupo se basa en el material de lectura semanal y en los ejercicios diarios. El contenido para este tiempo adopta tres formas principales. Puede ampliar las lecturas a través de discusiones relacionadas con el material. Puede aplicar la lectura a través de ejercicios, relacionando su contenido a las vidas de cada miembro del grupo, a la vida del grupo como un todo, o a la iglesia. Finalmente, puede ofrecer prácticas más específicas en las disciplinas que se han explorado en los ejercicios, ya sea haciendo un ejercicio similar en el grupo o dando formas alternativas de practicar esas disciplinas. Este segmento en la reunión es muy importante. Es como la parte práctica de un retiro espiritual en miniatura y requiere que el líder se prepare concienzudamente para poder dirigir el proceso cómodamente. Por favor, revise el material del líder temprano en la semana antes de la reunión para que tenga tiempo de pensar en el proceso y completar cualquier preparación necesaria.

CLAUSURA (10 MINUTOS)

Como empezó, la reunión de grupo termina con un tiempo de adoración. Primero, sin embargo, quizá deba atender los asuntos prácticos del lugar de reunión y provisión del refrigerio si la persona encargada varía de semana a semana. Puede sugerir nombres de parejas para que sean compañeros de oración para la semana que empieza y pregunte por peticiones de oración.

La Guía del Líder incluye sugerencias para la «Clausura». Si escoge desarrollar sus propios planes, considere las siguientes ideas: el tiempo para el culto de cierre puede incluir intercesiones por peticiones especiales, oraciones que surjan del contenido de la reunión del grupo, y cualquier otra oración que los miembros del grupo sientan que deben hacer. Usted terminará con la oración del Padrenuestro para ubicar estas oraciones específicas en el contexto de la oración universal de la iglesia de Cristo. Concluirá la reunión con un himno o coro. Estos son algunos himnos apropiados: «Dios bendiga las almas unidas», «Enviado soy de Dios», #307; «Hazme un instrumento de tu paz», #230; «Tú has venido a la orilla», #195; «Pues si vivimos», #337; «Sois la semilla», #291; «Oh, deja que el Señor», #190; o «Que mi vida entera esté», #227.

Asuntos para concluir

Como iglesias de varias tradiciones cristianas estarán usando este material, necesita adaptar algunas de las experiencias de adoración o experiencias relacionadas al bautismo y a la Cena del Señor para que correspondan a su propia tradición. La Guía del Líder sugiere cantos para cada reunión semanal, pero son sólo sugerencias. Cada grupo tendrá acceso a diferentes himnarios y libros de coros y tendrán su propia preferencia en estilo musical. La Guía del Líder también incluye una lista adicional de información sobre música y recursos para ordenar en la página 203. Si usted o algunas personas en su grupo tienen habilidades musicales, pueden optar por usar esos recursos adicionales.

El propósito de *Compañerismo en Cristo* es equipar a las personas de fe con prácticas de vida espiritual tanto personales como colectivas que continúen mucho más allá del tiempo que dure este recurso. Los participantes continuarán con ciertas disciplinas para sí mismos o las llevarán a la vida de la congregación. Otros desearán continuar con los grupos pequeños. Es muy posible que descubra, a medida que guía a su grupo a través de esta jornada de 28 semanas, que ciertos temas generan interés y energía para una exploración futura. Algunos miembros del grupo quizá deseen que ciertas lecturas o reuniones semanales se pudieran llevar a mayor profundidad de lo que se hacen.

Cuando el grupo exprese un profundo deseo por seguir con un tema particular o alguna práctica, tome nota especial de ello. Existen otros recursos para estudio en grupos pequeños. Su grupo tomará decisiones sobre las futuras direcciones que puedan surgir hacia el final de esta experiencia, particularmente durante el retiro de cierre.

Nuestra oración por usted como líder es que las semanas que tiene delante le lleven a usted y a su grupo a profundizar más en el corazón y la mente, el trabajo y el espíritu, y en la vida misma de Jesucristo. ¡Que su compañerismo con Cristo y el de unos con otros sean ricamente bendecidos!

Reunión de preparación

La Guía del Líder de *Compañerismo en Cristo* dirige la mayor parte del material concerniente a cada reunión de grupo directamente a usted como el líder del grupo. Ocasionalmente la Guía del Líder también sugiere ciertas frases para que las dirija al grupo como una manera de presentar las diferentes secciones. En las partes donde esto ocurre, las palabras están impresas en letra negrilla (como en el primer punto bajo «Establezca el contexto»). Recuerde que estas palabras son únicamente una sugerencia. Siempre siéntase en la libertad de expresar la misma idea en sus propias palabras o adáptela como considere necesario.

PREPARACIÓN

Prepárese espiritualmente. Revise el material en la introducción al Libro del Participante, así como también la información en la introducción de la Guía del Líder. Revise la página de Contenido en el Libro del Participante a fin de que pueda contestar a las preguntas que le hagan. Ore por cada miembro del grupo y por la jornada que habrán de iniciar juntos como compañeros en Cristo. Ore para que Dios le guíe en su función de líder, para que su grupo pequeño pueda comenzar este tiempo de peregrinaje juntos con verdadera apertura y expectación.

Prepare el material o equipo. Haga los arreglos necesarios para contar con himnarios y libros de coros y para tener acompañamiento musical si es posible. Seleccione los himnos o coros que quiere usar para la «Apertura» y la «Clausura». Seleccione el texto de las Escrituras para su culto de apertura (vea algunas sugerencias abajo). Acomode las sillas en un círculo con una mesa en el centro y una vela. Asegúrese de que tiene una copia del Libro del Participante para cada persona. Tenga papel y lápiz para cada participante para hacer el ejercicio de escribir en su diario.

Revise el propósito de la reunión. Que los participantes entiendan claramente del propósito de *Compañerismo en Cristo*, que tengan la oportunidad de expresar sus preguntas así como también sus esperanzas y sus sueños para esta jornada de 28 semanas, y que vean claramente las expectativas que son parte de su decisión de participar en el grupo.

APERTURA (10 MINUTOS)

Dé la bienvenida por nombre a todos los participantes a medida que vayan entrando.

Establezca el contexto.

- Esta reunión es en preparación para una nueva aventura que estamos emprendiendo juntos llamada *Compañerismo en Cristo.* Es un recurso de formación espiritual para grupo pequeño que nos guiará a través de veintiocho semanas de aprendizaje experiencial o empírico que termina con un día de retiro.

- Queremos hablar de varias cosas en esta reunión; pero antes de hacerlo, será bueno tomar un tiempo breve para adorar juntos, trayendo ante Dios en oración nuestras vidas y esta aventura.

Unámonos en adoración.

- Encienda una vela como símbolo de la presencia de la luz de Cristo en medio nuestro y diga: **Cada vez que nos reunimos, estamos juntos en la presencia viva de Jesucristo.**

- Lea un pasaje de la Escritura que hable del tema de preparación, tal como Isaías 40:3-5 o Marcos 1:1-3.

- ¿Cómo preparamos «el camino del Señor»? Tome unos momentos de quietud para meditar en lo que podría significar preparar nuestros corazones para tener esta experiencia juntos. ¿Qué tenemos que hacer interiormente o exteriormente? ¿Qué necesitamos dejar ir o hacer espacio para, a fin de dejar que Dios haga de este tiempo lo que Dios quiere que sea para nosotros y, a través nuestro, para nuestra congregación?

- Dirija en una breve palabra de oración pidiendo apertura de mente y corazón a la gracia guiadora del Espíritu Santo y por la bendición de Dios para cada persona y para todo el proceso.

- Cante un coro o himno tal como «Jesús, yo he prometido», #214 y «Amarte sólo a tí, Señor», #229 o algún otro canto de alabanza.

Presentaciones y compartir expectativas (45 minutos)

Use tanto tiempo como sea necesario para las presentaciones personales, aun cuando los miembros del grupo estén seguros de conocerse unos a otros. Empiece por pedir a los miembros del grupo que escojan como pareja a la persona que menos conocen para compartir cierta información básica como nombre, familia, trabajo secular y trabajo dentro de la iglesia. Luego las parejas pueden presentarse uno al otro ante el resto del grupo. Luego pida que cada persona hable sobre aquello que la ha llevado a ser parte de este grupo ahora. Si alguien contesta: «Tal y tal persona me lo pidieron», pregúnteles por qué dijeron que sí. Continúe, como el tiempo lo permita, con otras preguntas tales como:

- **¿Qué espera que le suceda al ser parte de este grupo?**

- **¿Qué imagen le trae a su mente la frase «formación espiritual»?**

Receso (10 minutos)

Presentación de recursos y proceso de grupo (45 minutos)

Use este tiempo para hablar sobre el proceso del grupo y sobre las expectativas de los miembros individuales del grupo. Si no lo ha hecho todavía, entrégueles el Libro del Participante. Familiarícese con el material de la introducción del Libro del Participante y la introducción de la Guía del Líder. Revise el contenido con los miembros del grupo para que cada persona entienda el proceso de lectura, ejercicios diarios y escritura del diario, así como también el bosquejo para cada reunión de grupo. Aquí están algunos puntos que deberá mencionar:

Flujo básico de la semana. Pida a cada participante que lea el material de la semana en el Día 1 (el día después de la reunión de grupo) y trabaje a través de los cinco ejercicios durante los Días 2–6. Anime a los participantes para que sean fieles al proceso, y sugiera que lean sus cuadernos de apuntes/diario de la semana después de hacer el quinto ejercicio. La reunión de grupo es el Día 7.

Flujo básico de la reunión de grupo. Explique los varios componentes: «Apertura», «Compartir ideas», «Exploración profunda» y «Clausura». Resuma para el grupo el material explicativo que se encuentra en las páginas 16–19 de la Introducción de la Guía del Líder.

Explicación detallada de la sección «Compartir ideas» de cada reunión. Resuma el material de las páginas 14–16 de la Guía del Líder. Enfatice la importancia del compromiso de que cada miembro haga los ejercicios diarios para que el proceso de grupo funcione. Puesto que algunos de los miembros del grupo no habrán experimentado este tipo de proceso e interacción de grupo, necesitará ayudarlos a sentirse cómodos con él, explicándoles la sencillez básica de compartir unos con otros. Recuérdeles que una forma de oír a Dios es poner nuestra experiencia en palabras. El mismo proceso de articulación a menudo trae claridad y nuevas perspectivas. Por lo tanto el grupo viene a ser un espacio para escuchar atentamente y confiar en la presencia guiadora de Dios.

Reglas fundamentales para la discusión. Esté preparado para presentar algunas reglas básicas como las mencionadas en la página 15 de este libro, y permita que los miembros del grupo sugieran otras.

Explicación para llevar un diario. Use el material de las páginas 11–13 del Libro del Participante. El líder puede ayudar a los participantes a entender la importancia que tiene para este recurso el apuntar sus reflexiones personales en un diario o un cuaderno. Por favor asegúreles que la escritura puede ser tan informal y sin estructura como ellos lo deseen. Cada persona mantendrá todas las notas que desee y que le sean más útiles, y su diario llegará a ser el registro personal de la jornada de crecimiento espiritual que es el objetivo por el cual este recurso fue diseñado. Quizá desee darles una oportunidad a los participantes para que prueben un breve ejercicio de escritura de su diario en ese mismo momento. Explíqueles que quiere darles a probar un poco lo que es llevar un diario sin importar si las oraciones están completas, o la puntuación es adecuada, o la ortografía correcta. Invíteles a que juntos pasen unos minutos escribiendo espontáneamente algunas ideas, pensamientos, preguntas, o palabras que les hayan parecido importantes durante el tiempo que han pasado juntos en esta reunión. Déles tres o cuatro minutos para el ejercicio, y luego pregunte cómo se sintieron al hacer el ejercicio. Anime a la gente a que experimente y encuentre un estilo de hacer su diario que les haga sentir libres, que no sea un trabajo difícil.

Materiales para cada reunión. Pídales a los miembros del grupo que traigan a cada reunión su Biblia, el Libro del Participante, y sus diarios personales. Como van a estar usando la Biblia como parte de sus ejercicios diarios, anímeles a usar una traducción contemporánea que tenga ayudas de estudio. Encontrará una lista de Biblias de estudio sugeridas en la Guía de Inicio. Puede obtener una copia a través de la Internet: www.companionsinchrist.org

Clausura (10 minutos)

Recuérdeles la primera tarea que tienen para la siguiente semana como preparación para la reunión de grupo. Asegúrese que todos los participantes conozcan el lugar y hora para la próxima reunión y cualquier responsabilidad especial (como proveer el refrigerio o ayudar a arreglar la mesa para el servicio de adoración).

Invíteles a un tiempo de reflexión en silencio. ¿Cuáles son sus esperanzas para el tiempo que tienen por delante como compañeros y compañeras en Cristo? ¿Cuáles son sus preocupaciones sobre este tiempo? Entregue sus expectativas y miedos a Dios en una oración silenciosa.

Dirija una breve palabra de oración, pidiendo que todos seamos capaces de dejar nuestras esperanzas y temores en las buenas y bondadosas manos de Dios. Termine dando gracias por cada persona y por los propósitos maravillosos de Dios en hacer que este grupo se juntara.

Cante un coro o bendición como «Oh, deja que el Señor», #190; «Tuya soy, Jesus», #218; o «Unidos», #348.

Parte 1

Adoptar la jornada:
El camino de Cristo

Notas introductorias del líder para la Parte 1

La Parte 1 presenta la vida cristiana como una jornada de transformación en Cristo que dura toda la vida, y que se camina en el compañerismo fiel de unos con otros. Como líder de grupo usted tiene el privilegio de facilitar el proceso de aprendizaje por el cual los miembros de su grupo habrán de redescubrir su identidad espiritual, la presencia de Dios en el peregrinaje de sus vidas, y su compañerismo juntos en Cristo.

Antes de comenzar a prepararse para la Semana 1, tome unos minutos para revisar toda la Parte 1 en el Libro del Participante y la Guía del Líder. Familiarícese con el propósito de las cinco lecturas semanales y la secuencia de las cinco reuniones semanales. Examine la sección llamada «Preparación» en la primera página de todas las cinco semanas en la Parte 1 de la Guía del Líder. Esto le permitirá saber de antemano qué cosas necesita reunir para facilitar el trabajo del grupo, la adoración y el canto. Asegúrese de hacer copias de todos los materiales necesarios que deba entregar.

Anticipe la posibilidad de necesitar tiempo adicional para completar la sesión de la Semana 4, especialmente si tiene más de ocho personas en su grupo, incluyéndose usted. Previo a su publicación, los materiales de *Compañerismo en Cristo* se usaron con grupos de prueba en varias iglesias. Estos grupos de prueba descubrieron que el tiempo para compartir las jornadas espirituales en la Semana 4 es una experiencia fundamental que requiere tiempo adecuado para cada persona. Esta sesión no debe ser abreviada o precipitada. Los grupos de prueba resolvieron exitosamente su necesidad de tener más tiempo alargando la duración de la reunión, o haciendo arreglos para una reunión especial con el único propósito de completar las historias de fe. Los grupos de prueba que completaron la sesión de compartir sus jornadas espirituales usando parte del tiempo de la reunión de la siguiente semana, se dieron cuenta de que el tiempo de la Semana 5 se vio afectado. El tema de la Semana 5, de vivir como una comunidad de pacto es desafiante para muchas personas, de modo que es necesario contar con el tiempo asignado para compartir ideas y para hacer la exploración profunda. También algunos grupos optaron por extender la Semana 5 con el fin de dar cierre a toda la unidad con un breve culto de Santa Comunión.

Actúe con deliberación para lograr que el grupo pase de los segmentos de «Compartir ideas» a los de «Exploración profunda» de una manera oportuna, siguiendo un receso. Los grupos de prueba experimentaron que el tiempo de «Compartir ideas» era a veces tan significativo que la gente tenía dificultad en pasar a la segunda parte de la reunión. Esté consciente de que también es una tentación natural para la gente permanecer en un tipo de discusión más familiar, en lugar de aventurarse a nuevos procesos de aprendizaje experiencial. Durante el receso, la gente naturalmente deseará continuar sus conversaciones. Los refrigerios durante el receso pueden prolongar la transición y comprometer el tiempo disponible para la «Exploración profunda».

Prepárese para el culto tan cuidadosamente como lo hizo para «Compartir ideas» y la «Exploración profunda». Considere la posibilidad de crear un lugar separado, adyacente, para el culto de «Apertura» y «Clausura». Adapte las sugerencias para la apertura de cada reunión de acuerdo a los temperamentos y tradiciones de su grupo así como el tema de la sesión. Revise los «Recursos musicales suplementarios» al final de esta guía donde encontrará otras posibilidades de cantos adicionales para las Aperturas o Clausuras.

Las Clausuras, aunque son breves, son parte integral de la sesión y también requieren preparación cuidadosa. Los grupos de prueba confirmaron la importancia de cerrar la sesión con un culto. En la Semana 2, por ejemplo, la «Clausura» es el evento formativo que transforma un concepto teológico en una experiencia espiritual.

Que nuestro Dios sea con usted a medida que usted guía a los miembros del grupo hasta llegar a ser compañeros y compañeras en Cristo.

Parte 1, Semana 1
La vida cristiana como peregrinaje

PREPARACIÓN

Prepárese espiritualmente. Revise el material de la introducción, especialmente las secciones tituladas «El papel de un líder de grupo pequeño» y «Expectativas para la sección 'Compartir ideas' de cada reunión». Lea el material para la Semana 1, «La vida cristiana como peregrinaje», en el Libro del Participante, haga todos los ejercicios, y mantenga su diario al igual que lo hacen los otros participantes. Ore por cada participante y por usted, por su habilidad para estar presente ante Dios en la reunión de grupo y durante toda ella.

Prepare los materiales o equipo. Arregle los himnarios u otros recursos de adoración y si es posible consiga acompañamiento musical. Seleccione los himnos y coros que quiere usar para la «Apertura» y «Clausura». Arregle las sillas en un círculo con una mesa al centro y una vela. Asegúrese que tiene suficientes copias del ejercicio con Efesios 4 (página 34).

Revise el propósito de la reunión: que los participantes profundicen en el entendimiento de su vida de fe como una jornada espiritual y la meta de la jornada como madurez en Cristo.

APERTURA (10 MINUTOS)

Dé la bienvenida por nombre a todos los participantes conforme vayan llegando

Establezca el contexto.

- Esta reunión es la primera sesión de cinco que está designada para ayudarnos a descubrir la naturaleza de la vida cristiana como una jornada hacia la madurez en Cristo. Esta parte nos permitirá compartir nuestro progreso diario, reflexionar en lo aprendido, tratar con las dificultades, y ayudarnos unos a otros a superar obstáculos.

- Aún cuando ya haya invertido cierto tiempo en las presentaciones personales durante la reunión de preparación, tome unos minutos para que las personas participantes se familiaricen entre sí. Si los miembros del grupo no se conocen bien, invite a todos los participantes a que digan sus nombres nuevamente y alguna cosa que pocas personas conozcan sobre él o ella. Ponga el ejemplo compartiendo brevemente algo gracioso o inusual sobre usted que no sea demasiado íntimo. Por ejemplo, «Mi nombre es _____, y una cosa que la mayoría de la gente no conoce sobre mí es que cuando yo era joven mi sueño era ser pianista de concierto».

Únanse en adoración.

- **Encendemos la vela como una forma de recordar la presencia de Dios con nosotros según nos vamos preparando para emprender nuestra jornada como compañeros en Cristo. La semana pasada compartimos un poco sobre los motivos por los cuales cada uno de nosotros está aquí. Escuche estas palabras del Salmo 27:1, 4:**

> *Jehová es mi luz y mi salvación,*
> *¿de quién temeré?*
> *Jehová es la fortaleza de mi vida,*
> *¿de quién he de atemorizarme?*
> *Una cosa he demandado a Jehová,*
> *esta buscaré:*
> *que esté yo en la casa de Jehová*
> *todos los días de mi vida,*
> *para contemplar la hermosura de Jehová*
> *y para buscarlo en su Templo.*

- **En silencio tome un momento para meditar, ¿Cuál es esa cosa que usted ha demandado al Señor, esa cosa que usted está buscando?**

- Canten un coro juntos, tal como «Hay momentos», #64 o «Señor, revélate ante mí», #223.

- Ofrezca una breve oración de apertura.

INTERCAMBIO DE IDEAS (45 MINUTOS)

Revise brevemente la lectura de esta semana (10 minutos).

- Resuma las tres ideas básicas del pasaje: (1) La vida cristiana es una jornada; (2) que se caracteriza por tres movimientos: estar orientado, desorientarse, y estar sorprendentemente orientado; y (3) que nos conduce hacia la madurez en Cristo.

- Invite a los participantes a compartir cualquier idea o pregunta de las lecturas que especialmente les gustaría destacar antes de compartir las experiencias con los ejercicios diarios. Pídales que discutan sobre cualquiera de los puntos en los que se encontraron a sí mismos diciendo: «¡Sí!»; «No»; o «¿Qué?» Mantenga el diálogo breve y enfocado en las lecturas.

Introduzca la discusión en grupos pequeños (5 minutos).

- Si no hablaron de las reglas básicas para el compartir en grupo cuando se juntaron para la reunión de preparación, por favor aparte un tiempo para que el grupo hable de este tema. Relea la lista de la página 15 como contexto para la conversación. Es muy importante que el grupo comience con algún acuerdo común sobre la confidencialidad y que tenga un proceso para el momento de compartir los ejercicios diarios.

- Forme dos o tres subgrupos (de tres a cuatro personas cada uno; el líder también se unirá a un grupo). Explique que el compartir en grupo se dará en subgrupos por las primeras dos reuniones, pero luego el grupo completo participará junto en esta parte de la reunión.

- Los ejercicios de esta semana invitan a la exploración de nuestras vidas como una jornada espiritual. Los Ejercicios 1 al 4 construyen o preparan para el Ejercicio 5. Empiece compartiendo usted el Ejercicio 5 y que otros lo hagan según el tiempo lo permita.

- Anime a los participantes a escuchar a Dios en las reflexiones y relatos de cada persona.

- Como líder, ponga el ejemplo de cómo compartir ofreciendo su respuesta al Ejercicio 5, haciendo referencia al texto bíblico y al ejercicio (tome de dos a tres minutos, luego únase a un grupo para escuchar).

Intercambien en grupos pequeños (25 minutos).

Invite a los participantes a que empiecen el tiempo de compartir en grupos pequeños tomando unos minutos para reflexión silenciosa y revisión de sus diarios.

Reúnanse (5 minutos).

Invite a los participantes a que hagan una pausa y tomen nota brevemente sobre alguno de los patrones o modelos de jornada y sobre la conciencia de la presencia de Dios que se compartieron en el grupo.

Receso (10 minutos)

Exploración profunda (45 minutos)

Presente el tema—exploración del significado del crecimiento espiritual y nuestro propio lla-mado a madurar en Cristo (5 minutos)

- La lectura semanal nos recuerda que nuestro peregrinaje espiritual tiene una dirección y un destino común: madurar en Cristo.

- Pida a dos personas que lean en voz alta Colosenses 1:28-29 y 1ª de Juan 3:2.

- Note que los autores de la Parte 1 escriben: «No hemos llegado, pero nos movemos hacia el cumplimiento de nuestro potencial como hijos e hijas de Dios».

Ejercicio con Efesios 4 (30 minutos)

Una de las descripciones más bellas del Nuevo Testamento sobre la naturaleza del crecimiento espiritual y la madurez se encuentra en el cuarto capítulo de Efesios. Vamos a tener un tiempo de silencio ahora mientras cada uno lee Efesios 4 y escucha el llamado de Dios en las abundantes imágenes de madurez en Cristo. (Use copias del material de la página 34 para este ejercicio).

Reúnanse (10 minutos)

- Pida a la gente que se siente por parejas con la gente de su subgrupo. Si el subgrupo fue de tres, que se sienten los tres juntos.

- Invíteles a compartir brevemente, en la medida que se sientan cómodos, sus reflexio-nes sobre la madurez que más les atrae y sobre la gracia por la cual pedirán unos a otros sus oraciones.

- Pídales que tengan un minuto de oración silenciosa unos por otros (pares/tríadas pueden tomarse de las manos si desean).

Clausura (10 minutos)

Recuerde a todos las tareas para la próxima semana, el lugar y hora donde se reunirán y cualquier otro anuncio necesario.

Invite al grupo a hacer una pausa y absorber este tiempo como compañeros y compañeras en Cristo. ¿Dónde sintieron la presencia de Dios? ¿En qué momento el Espíritu llamó su atención? ¿Qué es lo que anhelan?

Pasen un tiempo orando juntos.

Reciten o canten una bendición, tal como «La paz esté con nosotros», #348 o «Unidos», #350.

Ejercicio con Efesios 4

Reflexión a solas, escribir en el diario y oración

- Lea despacio y en oración Efesios 4, permitiendo que Dios le hable.

- Anote en su diario frases que hablen del tipo de madurez que usted anhela. Escriba en sus propias palabras lo que esas frases significan para usted.

- Vuelva a leer los versículos 22-24, escuchando lo que Dios le está diciendo.

- Dibuje una línea vertical en la mitad de una página en su diario. En el lado izquierdo, mencione de uno a tres aspectos de su viejo ser que quisiera encontrar la fortaleza para «sacar» de su vida. En el lado derecho, mencione de uno a tres aspectos de su «nuevo ser, creado de acuerdo a Dios», que espera «incluir» en su vida.

- Comparta con Dios su deseo de crecer, y pídale la gracia para lograr esa meta.

Parte 1, Semana 2
La naturaleza de la vida espiritual cristiana

PREPARACIÓN

Prepárese espiritualmente. Revise el material en la introducción de la Guía del Líder como recordatorio del papel del líder y el proceso formativo de compartir en grupos pequeños. Lea el material para la Semana 2 en el Libro del Participante, haga todos los ejercicios, y mantenga su diario. Revise las Notas del líder sobre la las lecturas de Escritura (página 41) para esta sesión. Ore por cada participante y porque usted como líder del grupo esté en la presencia del Espíritu.

Prepare los materiales o equipo. Traiga un tazón y una jarra con agua. Acomode las sillas en círculo con una mesa al centro y una vela. Tenga los himnarios adecuados; seleccione coros para la «Apertura» y «Clausura». Tenga la cantidad adecuada de copias para la reflexión en Marcos 1:9-11 (página 42).

Revise el propósito de la reunión: que los participantes crezcan en su entendimiento de la gracia de Dios y el conocimiento de su identidad en Dios.

APERTURA (10 MINUTOS)

Dé la bienvenida a cada participante personalmente conforme vayan llegando

Establezca el contexto.

Esta reunión es nuestra segunda sesión en la que estamos explorando la vida espiritual cristiana. La semana pasada vimos que nuestra experiencia espiritual es como un peregrinaje. Esta semana queremos explorar la gracia por la cual crecemos en Dios.

Únanse en adoración.

- **Para nuestra oración de apertura, escuchen el Salmo 92:1-4.** (Léalo lentamente.)

Bueno es alabarte, Jehová, y cantar salmos a tu nombre, oh Altísimo;
anunciar por la mañana tu misericordia y tu fidelidad cada noche,
con el decacordio y el salterio, en tono suave, con el arpa.
Por cuanto me has alegrado, Jehová, con tus obras;
en las obras de tus manos me gozo.

- **Durante esta semana, a medida que se ocupaban en la lectura y los ejercicios, ¿dónde se sintieron especialmente alegres? ¿Dónde «cantaron de gozo»?** Invíteles a reflexionar en silencio. Anime a los participantes a que compartan con otra persona del grupo.

- Canten celebrando la «misericordia de Dios en la mañana y su fidelidad por la noche», cantando un himno como «Grande es tu fidelidad», #34 o «Hay momentos», #64.

- Eleve una oración sencilla, dando gracias y pidiendo dirección.

INTERCAMBIO DE IDEAS (45 MINUTOS)

Revise brevemente la lectura de esta semana (10 minutos).

Pida a las personas que revisen la lectura e identifiquen la porción que les habló más claramente sobre la gracia. Comparta la idea principal de que el crecimiento espiritual no es posible lejos de la gracia de Dios y de una profunda confianza en la extraordinaria buena voluntad de Dios para con nosotros/as. Mantenga el diálogo enfocado en la lectura.

Introduzca la discusión en grupos pequeños (5 minutos).

- Forme dos o tres grupos pequeños (de tres o cuatro personas cada uno) para compartir.

- **Los ejercicios de esta semana fueron una invitación a entrar en Efesios y en el mensaje de la gracia transformadora de Dios. Ahora tenemos una oportunidad de compartir aquello que nos habló más profundamente mientras leíamos Efesios y hacíamos los ejercicios.**

- Anime a los participantes a que practiquen el escuchar a Dios en las reflexiones y relatos de cada persona.

- Como líder, dé la pauta ofreciendo su respuesta primero, haciendo referencia al texto bíblico y al ejercicio (dos o tres minutos).

Intercambien en grupos pequeños (30 minutos).

Invite a los participantes a que revisen brevemente sus diarios antes de compartir aquello que les habló más profundamente a través de Efesios y de los ejercicios diarios. Cinco minutos antes de terminar el tiempo de compartir, pida a los grupos que hagan una pausa para tener un momento de reflexión: **¿Qué es lo que está escuchando y viendo a medida que escucha lo que comparten unos con otros?**

RECESO (10 MINUTOS)

EXPLORACIÓN PROFUNDA (45 MINUTOS)

Presente el tema—reflexionar en la realidad de la gracia como el fundamento de nuestra identidad espiritual (20 minutos).

• En Efesios 3:17, el escritor ora para que estemos «*fundamentados y arraigados en amor*». Esta es una imagen de hacia dónde esperamos ir pero también ¡de dónde es que venimos! La realidad de la gracia de Dios es más profunda que nuestra conciencia o experiencia. Es como el terreno fértil para las plantas, el terreno en el que estamos enraizados y de donde nuestras vidas producen fruto. Esto es lo que celebramos en el bautismo.

• Invite a los miembros del grupo a que escuchen en silencio y respondan en sus diarios a lo que oigan mientras usted lee los siguientes pasajes. Haga un silencio entre pasaje y pasaje.

    1. Génesis 1:27-28

    2. Isaías 43:1-7

    3. Henri J. M. Nouwen en «*Nuestro primer amor*»

    Escuche lo que Dios nos está diciendo:
    Eres mi hijo/a
    Tu nombre está escrito en la palma de mi mano.
    Estás escondido en la sombra de mi mano.
    Yo te formé en lo profundo de la tierra.
    Yo te formé en el vientre de tu madre.
    Tú me perteneces.
    Yo soy tuyo. Tú eres mío.

Te he llamado desde la eternidad y te mantendré seguro y cubierto de amor desde la eternidad hasta la eternidad.

Tú me perteneces. Y yo te mantengo seguro y quiero que sepas que no importa lo que te suceda, siempre estoy contigo; estoy siempre ahí; siempre estaré ahí y te sostendré en mi regazo.

Tú eres mío. Eres mi hijo/a. Perteneces a mi casa. Perteneces a mi vida íntima y nunca te dejaré ir. Te seré fiel.

La vida espiritual comienza en el lugar donde usted puede oír la voz de Dios. De algún modo puede afirmar que, mucho antes de que su padre, su madre, su hermano, su hermana, su escuela, su iglesia le conmovieran, le amaran, y le hirieran—mucho antes de todo eso, usted ya estaba en el cobijo seguro de un abrazo eterno. Los ojos de amor perfecto le estaban viendo mucho antes de que entrara en el valle oscuro de la vida . . . La vida espiritual empieza en el momento en que puede ir más allá de todas las heridas y afirmar que había un amor que era perfecto e ilimitado, mucho antes de que el amor perfecto llegara a reflejarse en el imperfecto y limitado amor condicional de la gente. La vida espiritual empieza donde usted se arriesga a reclamar el primer amor—ámense unos a otros porque yo los he amado primero. (Vea 1ª de Juan 4:19.)[1]

• Dé a todos los participantes la oportunidad de compartir lo que escucharon con alguna otra persona.

• Resuma lo que la gente ha compartido, en palabras o frases sencillas escritas en papel de rotafolios (de imprenta).

Inicie un tiempo de reflexión a solas en Marcos 1:9-11 (25 minutos). Use el material que se encuentra en la página 42.

CLAUSURA (**10 MINUTOS**)

Reúnanse. Recuerde a los participantes que son bendecidos como individuos y que como iglesia son una comunidad de bendición y gracia.

Lea el relato de Janet Wolf titulado «Escogido para . . .»

En un mundo que declara que muchos de nosotros «no somos lo suficientemente buenos», ¿qué podría significar creer que realmente somos escogidos, preciosos y amados? En una clase para nuevos miembros, hablamos sobre el bautismo: este momento santo cuando somos nombrados por la gracia de Dios con un poder que no podrá deshacerse.

Fayette estaba ahí—una mujer que vivía en las calles, luchando con una enfermedad mental y lupus. A ella le gustó la parte sobre el bautismo y quería estar preguntando una y otra vez: «¿Y cuando me bautice, yo soy... ?» Pronto aprendimos a responderle: «Amada, preciosa hija de Dios y hermosa a la vista». «¡Oh, sí!», nos decía ella, y entonces podíamos volver a nuestra discusión.

El gran día llegó, Fayette descendió a las aguas, salió farfullando, y gritó: «¿Y ahora yo soy... ?» Y todos cantamos: «Amada, preciosa hija de Dios y hermosa a la vista». «¡Oh, sí!», exclamó, mientras danzaba alrededor del salón social.

Dos meses después recibí una llamada. Fayette había sido golpeada y violada, y estaba en el hospital de la ciudad. Así que fui. Pude verla a la distancia, caminando de un lado a otro. Cuando me acerqué a la puerta, escuché: «Soy amada...» Se dio la vuelta, me vio, y dijo: «Yo soy amada, preciosa hija de Dios, y...». Viéndose en el espejo—con el pelo alborotado, sangre y lágrimas sobre su cara, sus vestidos rasgados, sucios, y abotonados desigualmente, empezó de nuevo: «Soy amada, preciosa hija de Dios, y... » Se miró nuevamente en el espejo y dijo: «... y Dios todavía está trabajando en mí. Si vuelve mañana, ¡estaré tan linda que se quedará sin aliento!»

Oración: Señor, bautízame en las aguas de tu gracia. Que pueda recordar siempre quién soy y a quién pertenezco. Amén.

Recordando nuestro bautismo. En una mesa, ponga un tazón de agua, y mencione que representa las aguas del bautismo.

- Invite a los participantes a acercarse y a juntos meter los dedos en el agua como una reafirmación de la bendición de Dios y la «gracia gratuitamente dada por nosotros en el Amado».

- Luego invíteles a que se vuelvan hacia la persona que se encuentra a su lado (uno a la vez), se tomen las manos húmedas, y en voz suave proclamen las bendiciones de Dios con las palabras de la lectura: «¡(Nombre), tu eres amado/a, precioso/a hijo/a de Dios y hermoso/a a la vista!». Ofrezcan una oración silenciosa una persona por la otra.

- Celebre la gracia de Dios en este momento cantando un himno como «Espíritu de Dios», #162 o cualquier otro himno de bautismo.

Recuérdeles a todos/as las tareas para la próxima semana, el lugar y la hora de la reunión para la próxima semana y otros anuncios.

Reciten o canten una bendición, como «Dios te bendiga», #352.

Notas del líder sobre las lecturas de la Escritura

Génesis 1:27—«*Y creó Dios a la humanidad a su imagen*». Por amor divino, Dios nos ha creado como somos; no somos un error. Dios celebra y bendice nuestra creación, diciendo con gran deleite, «Es muy bueno». Somos creados en comunidad unos con otros para ser imágenes que reflejan el amor de Dios y la libertad para compartir la vida, crear, darnos generosamente, y vivir responsable y sacrificadamente por el bien de la gente. El teólogo del segundo siglo Ireneo escribió: «La gloria de Dios es el ser humano plenamente vivo».

Isaías 43:1-7—«*Te puse nombre, mío eres... yo estaré contigo... porque a mis ojos eres de gran estima, eres honorable y yo te he amado*». Dios nos creó «*para su gloria*» (43:7); el amor de Dios y su compromiso con nosotros/as no pueden ser exagerados. Con el propósito de reflejar la gloria divina, Dios nos creó, formó, redimió, dio un nombre y promete permanecer *a nuestro lado*.

Marcos 1:9-11—«*Y vino una voz de los cielos que decía: 'Tú eres mi Hijo amado, en ti tengo complacencia'*». Por un lado, este es el relato del bautismo de Jesús, un evento que nos dice quién es Jesús y le dice a Jesús ¡quién es él! Por otro lado, el relato nos recuerda nuestro propio bautismo y nos dice quiénes somos «en él». La bendición y autoridad que Jesús recibió aquí son las mismas bendiciones y poder que Dios nos otorga «en el Amado» (Efesios 1:6). Como resaltan los escritores de la parte 1: «Gracia es el regalo de la presencia de Dios en medio nuestro, 'en la cual nos hizo aceptos en el Amado'».

Ejercicio de reflexión a solas

Lea Marcos 1:9-11 despacio y en oración.

Medite sobre estas preguntas en su diario.

1. El mundo conoció a Jesús como «Jesús de Nazaret de Galilea». ¿Qué piensa usted que significó para Jesús que Dios lo reconociera como «mi Hijo, el Amado; en ti tengo complacencia»?

2. ¿Cómo le conoce Dios a usted? Use su imaginación para entrar al río del bautismo y pararse junto a Jesús en el relato. Escuche la bendición de Dios según se refiere a usted, una bendición que Jesús quiere compartir con usted. Ponga en sus propias palabras lo que esta bendición significa para usted.

Parte 1, Semana 3
El fluir y los medios de gracia

PREPARACIÓN

Prepárese espiritualmente. Revise el material introductorio nuevamente si le parece que puede ser de ayuda. Lea el material para la Semana 3, haga los ejercicios, y mantenga su diario. Ore por cada participante y por usted para estar en apertura a la presencia de Dios conforme dirige al grupo.

Prepare el lugar y los materiales. Revise el material de la Guía del Líder para la reunión de esta semana. También revise la lista de himnos que se encuentran en la página 329 del Libro del Participante. Si desea puede seleccionar otros himnos y coros de su propia tradición y añadirlos a las tres categorías de la lista. Tenga los himnarios adecuados, y seleccione los cantos apropiados para la «Apertura» y «Clausura». También necesitará himnarios para la «Exploración profunda». Prepare el cuarto de reunión con un motivo de adoración sencillo.

Revise el propósito de la reunión. Que los participantes lleguen a estar más conscientes de su respuesta a la presencia activa de Dios a través de sus peregrinajes, y por medio de los medios de gracia por los cuales Dios se acerca a sus vidas.

APERTURA (10 MINUTOS)

Dé la bienvenida a los participantes personalmente conforme vayan llegando.

Establezca el contexto.

Esta reunión nos da el tiempo para explorar más profundamente cómo queremos avanzar en nuestra jornada espiritual. La semana pasada vimos el significado de la gracia de Dios—la gracia por la que enraizamos nuestras vidas en amor y crecimiento en Cristo. Esta semana exploraremos nuestro estar conscientes de la bondadosa presencia de Dios a lo largo de nuestras vidas, pondremos atención a nuestras respuestas, y consideraremos los diversos medios por los cuales Dios se nos acerca.

Únanse en adoración.

- Encienda una vela o use algún otro gesto sencillo para indicar la presencia de Dios en medio del grupo. Invite al grupo a escuchar estas palabra de Juliana de Norwich:

  Y luego [Dios] mostró una pequeña cosa, del tamaño de una avellana, puesta en la palma de mi mano, según me pareció. Era tan redonda como una pelota. La miré con los ojos de mi entendimiento y pensé, ¿Qué podía ser esto? Se me contestó en forma general así: «Es todo lo creado». Me maravillé que pudiera durar, pues era tan pequeña que podría de pronto desaparecer. Se me contestó en mi entendimiento, «durará y por siempre, porque Dios la ama». Y así todo lo que existe por el amor de Dios.[1]

- Invite a todos los miembros del grupo a tomar un momento para ponerse a sí mismos y poner todas las preocupaciones del día en las manos amorosas de Dios. Dé varios minutos de silencio.

- Dirija una oración breve por apertura a la presencia de Dios en esta reunión y en nuestras vidas.

- Celebre el eterno cuidado de Dios cantando «Sublime Gracia», #203.

INTERCAMBIO DE IDEAS (45 MINUTOS)

Introduzca el tiempo de intercambio (5 minutos).

- Indique que el grupo permanecerá junto para compartir en torno a esta pregunta: **¿De qué manera la gracia de Dios le ha cuidado hasta ahora, y por qué medios?** Pida a las personas que se centren en sus reflexiones de los ejercicios diarios, especialmente el Ejercicio 4.

- Dé a los participantes unos minutos para revisar sus diarios.

- Anímeles a practicar el escuchar a Dios en las reflexiones de cada persona.

Compartan los ejercicios diarios y las reflexiones (40 minutos).

- Como líder, establezca el tono compartiendo primero (tres o cuatro minutos).

- En los últimos minutos, anime a la gente a tomar una pausa y poner atención a lo que están oyendo y viendo interiormente conforme se van escuchando unos a otros. ¿Qué medios de gracia parecen surgir con más frecuencia?

RECESO (10 MINUTOS)

EXPLORACIÓN PROFUNDA (45 MINUTOS)

Revise brevemente las «caras de la gracia» que se describen en las lecturas de esta semana (10 minutos).

- Divida la pizarra o papel de rotafolios en tres secciones tituladas: «Gracia Anticipante», «Gracia Justificadora» y «Gracia Santificadora».

- Invite a cada participante a sugerir palabras descriptivas, imágenes, analogías o historias bíblicas para cada término.

- Luego distribuya los himnarios, y remita a los participantes a la lista de himnos de la pagina 329 del Libro del Participante. Explique que la colección de himnos y el cantar son importantes medios de gracia en la iglesia. Los himnos juegan un papel profundamente formativo en nuestra comunidad y vidas, independientemente de cuál sea nuestra habilidad para cantar. Muchos himnos favoritos enfatizan una de las tres fases de la gracia. Hay algunos himnarios que hasta están organizados parcialmente por estas tres (o similares) categorías.

- Pida al grupo que abran sus himnarios y busquen himnos favoritos que expresen una de estas caras de la gracia. Si su himnario está parcialmente organizado de acuerdo a estas categorías, invite a las personas a que revisen esas secciones. Busque las estrofas que expresen entendimiento o experiencias importantes de una de las caras de la gracia. Lea en voz alta y cante unas cuantas estrofas de los himnos que la gente ama; disfrute de este tiempo de cantos.

Escuchen un relato de la maravillosa gracia de Dios (10 minutos).

- Abajo se incluyen relatos de la conversión de Agustín y Juan Wesley. Escoja uno de los relatos, y léalo al grupo. Anime al grupo a que escuchen con oído atento por las caras de la gracia y por la evidencia de los medios de la gracia a través de los cuales Dios estaba trabajando.

Agustín

Mas después que la profunda consideración sacó del fondo secreto y amontonó en presencia de mi corazón toda mi miseria, se desató en mí una deshecha borrasca, preñada de copiosa lluvia de lágrimas. Y para descargarla toda con sus voces, me levanté de donde estaba Alipio—la soledad parecíame para llorar más a propósito—, y me retiré tan lejos, que ni su presencia me pudiera servir de estorbo. Así estaba yo entonces, y él se dio cuenta; porque pienso que dije no sé qué; en lo cual el acento de la voz parecía cargado de llanto, y así me había levantado. Quedóse él, pues, como atónito donde estábamos sentados, y yo fui a arrojarme debajo de una higuera, no sé cómo, y solté las riendas a las lágrimas, y rompieron dos ríos de mis ojos, sacrificio aceptable a Vos. Y muchas cosas os dije, no con estas palabras, pero si en este sentido: *Y Vos, Señor, ¿hasta cuándo? ¿Hasta cuándo, Señor, habéis de estar siempre enojado?* (Salmo 6:4). *¡No os acordéis de nuestras maldades antiguas!* (Salmo 78:5). Porque sentía yo que ellas me retenían. Daba voces lastimeras: «¿cuándo? ¿Hasta cuándo diré: Mañana y mañana? ¿Por qué no ahora? ¿Por qué no es en esta hora el fin de mis torpezas?»

Esto decía, y lloraba con amarguísima contrición de mi corazón. Y he aquí que oigo de la casa vecina una voz, no sé si de un niño o de una niña, que decía cantando, y repetía muchas veces: «¡Toma, lee; toma, lee!» Y al punto, inmutado el semblante, me puse con toda atención a pensar, si acaso habría alguna manera de juego, en que los niños usasen canturrear algo parecido; y no recordaba haberlo jamás oido en parte alguna. Y reprimido el ímpetu de las lágrimas, me levanté, interpretando que no otra cosa se me mandaba de parte de Dios, sino que abriese el libro y leyese el primer capítulo que encontrase. Porque había oido decir de Antonio, que por la lección evangélica, a la cual llegó casualmente, había sido amonestado, como si se dijese para él lo que se leía: *Ve, y vende todas las cosas que tienes, dálo a los pobres, y tendrás un tesoro en los Cielos; y ven y sígueme* (Mateo 19:31); y con este oráculo, luego se convirtió a Vos. Así que volví a toda prisa al lugar donde estaba sentando Alipio, pues allí había puesto el códice del Apóstol al levantarme de allí; lo arrebaté, lo abrí y leí en silencio el primer capítulo que se me vino a los ojos: *No en comilona ni embriagueces; no en fornicaciones y deshonestidades; no en rivalidad y envidia; sino vestíos de nuestro Señor Jesucristo, y no hagáis caso de la carne para satisfacer sus concupiscencias* (Romanos 13:13-14). No quise leer más, ni fue menester; pues apenas leída esta sentencia, como si una luz de seguridad se hubiera difundido en mi corazón, todas las tinieblas de la duda se desvanecieron.

Entonces, poniendo el dedo, o no sé qué otra señal, en el códice, lo cerré, y ya con el rostro sereno, se lo conté a Alipio; y él me indicó lo que pasaba por él, y yo no sabía. Me pidió ver lo que yo había leído; se lo mostré, y se fijó también más allá de lo que yo habia leído, e ignoraba lo que seguía. Seguía, pues: *Recibid al débil en la fe;* lo cual él tomó para si, y me lo indicó. Y con esta amonestación, y sin turbación ni tardanza, se asoció a mi buena resolución y propósito, tan perfectamente conforme con sus costumbres, en que desde mucho antes tanta ventaja me hacía.

De aquí pasamos a ver a mi madre, y se lo indicamos; se regocija. Le contamos cómo había sucedido, y salta de júbilo y triunfa, y os daba gracias a Vos, *que sois poderosos para darnos más de lo que pedimos o entendemos* (Efesios 3:20); pues veía que la habíais concedido en mí tanto más de lo que ella os solía suplicar con lastimeros y llorosos gemidos. Porque de tal modo me convertisteis a Vos, que ya no buscaba esposa, ni esperanza alguna de este siglo, puesto en pie sobre aquella regla de fe, en la que tantos años antes me habíais mostrado a mi madre. Y trocasteis su llanto en gozo (Salmo 29:12), mucho más copioso de lo que ella había apetecido, y mucho más caro y casto que el que esperaba de los nietos de mi carne.[2]

Juan Wesley

El 24 de mayo de 1738, Wesley recibió la promesa de fe que había estado buscando. El momento fue tan importante para él que incluyó en su *Diario* una biografía espiritual bastante extensa, con 18 puntos. Esta selección comienza a partir del punto 12, después de que Wesley había regresado a Inglaterra desde Georgia.

12. Cuando encontré otra vez a Peter Böhler, él de inmediato consintió en poner a discusión el asunto que yo deseaba, a saber, Escritura y experiencia. Primero consulté la Escritura. Pero cuando aparté los comentarios humanos y simplemente consideré las palabras de Dios, comparándolas y tratando de aclarar lo oscuro a través de los pasajes más sencillos, encontré que todos ellos estaban en mi contra y fui obligado a retirarme a mi último refugio, que la experienca nunca concordaría con la interpretación literal de esas Escrituras. Me negué, por lo tanto, a admitir que fuera verdad hasta que encontrara algunos testigos vivientes. El me respondió que podia mostrármelos en cualquier momento, al día siguiente, si lo deseaba. En conformidad, regresé al día siguiente con otras tres personas, todas testificando de su propia experiencia personal de que la verdadera fe viviente en Cristo es inseparable del sentido de perdón por todo lo pasado y la libertad de todos los pecados presentes. Añadieron a una que esta fe era don gratuito

de Dios, y que él seguramente la impondría en cada alma que ansiosa y perseverantemente la buscara. Ahora estaba completamente convencido. Por la gracia de Dios decidi buscar esa fe hasta el final: 1) renunciando absolutamente a toda dependencia, completa o en parte, de mis propias obras o justicia sobre las cuales habia realmente afianzado mi esperanza y salvación, aunque no lo sabía, desde mi juventud; 2) agregando al constante uso de todos los otros medios de gracia, la oración continua por esto mismo, pidiendo justificación, la fe que salva, una completa confianza en la sangre de Cristo derramada por mí, una confianza en él como mi Cristo, mi sola justificación, santificación y redención.

13. Así continué buscándolo (aunque con extraña indiferencia, falta de ánimo y frialdad y con frecuentes recaídas en el pecado) hasta el miércoles, 24 de mayo. Pienso que fue alrededor de las cinco de la mañana que abrí mi Testamento en aquellas palabras, «*Nos ha dado preciosas y grandísimas promesas, para que por ellas llegaseis a ser participantes de la naturaleza divina*» (2ª de Pedro 1.4). En el momento de salir abrí nuevamente el testamento en aquellas palabras: «*No estáis lejos del reino de Dios*». Por la tarde me pidieron que fuera a la Iglesia de St. Paul. El preludio fue: *De lo profundo, oh Jehová, a ti clamo. Señor, oye mi voz. Estén atentos tus oídos a la voz de mi súplica. Si, oh Señor, miras a mis pecados, ¿quién podrá mantenerse? Más hay misericordia en ti, por lo tanto serás temido. Oh Israel, confía en el Señor, porque en el Señor hay misericordia y con él redención plena. Y él traerá redención a Israel de todos sus pecados.*

14. En la noche fui de muy mala gana a una sociedad en la Calle de Aldersgate, donde alguien estaba dando lectura al prefacio de la Epístola a los Romanos de Lutero. Cerca de un cuarto para las nueve de la noche, mientras él describía el cambio que Dios obra en el corazón a través de la fe en Cristo, yo sentí un extraño ardor en mi corazón. Sentí que confiaba en Cristo, sólo en Cristo para la salvación, y recibí una seguridad de que él me había quitado todos *mis* pecados, aun los *tuyos*, y *me* había librado de la ley del pecado y de la muerte.[3]

Dirija las reflexiones sobre la gracia y los medios de gracia a partir del relato (10 minutos).

• ¿Qué frases o imágenes vinieron a su mente? ¿Qué frases de la gracia identificó en el relato?

• ¿Qué medios de gracia se hallan envueltos en la conversión?

• ¿Qué himnos o coros pueden expresar la forma de la gracia de Dios o la experiencia humana que escuchó en el relato?

Dirija la reflexión sobre la gracia y los medios de gracia en las experiencias del grupo (15 minutos).

* ¿En qué parte los relatos de Agustín y Wesley se conectan de alguna manera con su experiencia?

* ¿Cuáles medios de gracia han jugado un papel importante en su jornada, y cómo?

* Pídale a cada persona que encuentre un himno o coro que mejor exprese su experiencia de la gracia de Dios. Dé tiempo a los miembros del grupo para buscar el himno y luego déles tiempo para compartir dónde es que ven conexiones significativas.

Clausura (10 minutos)

Tome un tiempo para orar. Invite a que escuchen en silencio la música del Espíritu en medio del grupo.

Seleccione dos o tres himnos o estrofas de himnos para cantar como una expresión de gratitud y adoración. Céntrese en los himnos que fueron identificados por su significado especial para una o más personas del grupo. Lea las palabras si es difícil cantar en el lugar donde están reunidos.

Termine invitando a que se hagan oraciones breves por quienes deseen orar en voz alta.

En actitud de oración invite al grupo a repasar la reunión. ¿Qué fue lo que tocó su mente o corazón de manera especial? ¿En dónde estuvo usted más presente con Dios? ¿En qué punto fue interrumpida su presencia con Dios?

Anuncie la hora y el lugar de la próxima reunión y cualquier otra cosa que sea de importancia para el grupo.

Recite o cante una bendición.

Parte 1, Semana 4
Compartir peregrinajes de fe

PREPARACIÓN

Prepárese espiritualmente. Si le parece necesario, revise la sección introductoria de cómo dirigir grupos pequeños para crecimiento espiritual. Lea el material para la Semana 4, haga los ejercicios, y mantenga su diario. Ore a Dios por cada uno de los participantes y por usted durante la próxima reunión.

Prepare el lugar y los materiales. Tenga listos los himnarios, y seleccione sus cantos. Prepare el lugar de reunión con un área destinada para el culto. Revise el material de la Guía del Líder para esta sesión. Prepárese para preguntarle al grupo de qué manera quiere trabajar con el asunto del tiempo para ésta y la próxima reunión. Prepárese para regular el tiempo de la reunión.

Revise el propósito de la reunión: Que los miembros del grupo descubran su propia manera de ver y describir sus jornadas espirituales y que crezcan juntos en comunidad cristiana por medio del compartir sus historias unos con otros.

APERTURA (10 MINUTOS)

Dé la bienvenida a los participantes personalmente conforme vayan llegando.

Establezca el contexto.

- **La semana pasada exploramos las maneras a través de las cuales experimentamos la presencia de Dios en nuestras vidas. Esta semana iniciaremos compartiendo el fruto de todo nuestro reflexionar en la vida espiritual cristiana conforme vamos relatando nuestras jornadas personales.**

- Recuérdele al grupo que cada persona tendrá de 10 a 15 minutos para su presentación. (Esto dará tiempo para que seis u ocho personas hagan su presentación en una reunión de dos horas. Un grupo más grande podría decidir asignar más tiempo para esta reunión o planear una reunión extra para permitir que el proceso se complete. Déle al grupo la oportunidad de decidir.)

Únanse en adoración.

*   Encienda una vela como señal de la realidad de Dios en medio nuestro. Invite a los participantes a escuchar o a unírsele recitando lentamente el Salmo 23. **En la antigüedad, ésta fue la manera en que alguien relató la historia sobre el cuidado de Dios y Su presencia guiadora en su jornada espiritual. Tome un momento para dar gracias en silencio por las maneras en que Dios nos ha pastoreado, y por lo que oiremos al compartir nuestras jornadas personales.**

*   Celebre el amor de Dios y prepárese para escuchar las historias al entonar un himno «Grato es contar la historia», #56; «Nunca, Dios mio», #36; «Jesús es mi Rey soberano», #54; o «Hay momentos», #64.

*   Eleve una palabra breve de oración pidiendo que podamos percibir la presencia de Dios en nuestras historias.

INTERCAMBIO DE JORNADAS ESPIRITUALES (1 HORA Y 40 MINUTOS, INCLUYENDO EL RECESO)

Introduzca el tiempo de compartir los peregrinajes personales (2 minutos)

*   Pida a los participantes que escuchen como si fuera una historia sagrada o una saga.

*   Indíqueles que después de cada presentación, los miembros del grupo tendrán dos o tres minutos para afirmar lo que han oído.

Presentación de las jornadas espirituales (45 minutos)

RECESO (8 MINUTOS)

Continúe la presentación de las jornadas espirituales (45 minutos)

CLAUSURA (10 MINUTOS)

Oración por cada persona que presentó. Por ejemplo, invite al grupo a que se unan alrededor de esa persona y se tomen de las manos mientras usted hace una oración corta dando gracias o intercediendo por la persona en turno.

*Dirija al grupo en unos breves minutos de oración reflexi*onando en la experiencia de presentar y escuchar nuestras historias. **¿De qué estuvo consciente a medida que escuchaba, o que presentaba? ¿Dónde oyó o vio a Dios en las historias que acaba de escuchar?**

Eleve una oración de alabanza o canten una bendición.

Parte 1, Semana 5
Vivir como comunidad de pacto

PREPARACIÓN

Prepárese espiritualmente. Lea el material para la Semana 5 y complete todos los ejercicios. Ore a Dios pidiendo por cada uno de los participantes y por que usted esté en comunión con Dios durante la reunión.

Prepare el lugar y los materiales. Tenga listos los himnarios, seleccione los himnos para la «Apertura» y «Clausura». Arregle el lugar de reunión con las sillas en un círculo y un área sencilla para el culto.

Revise el propósito de la reunión. Que los participantes lleguen a estar más conscientes de su respuesta al llamado de Cristo a vivir en comunidad y que desarrollen un pacto sencillo de apoyo mutuo para esta jornada como compañeros y compañeras en Cristo.

APERTURA (10 MINUTOS)

Dé la bienvenida a cada participante personalmente conforme vayan llegando.

Establezca el contexto.

La semana pasada escuchamos las historias de nuestras jornadas espirituales. Esta semana queremos ver qué significa estar juntos en Cristo como una comunidad y desarrollar un pacto sencillo de apoyo muto que pueda fortalecer nuestra jornada.

Únanse en adoración.

- Encienda una vela, reconociendo que Cristo es la luz al centro de nuestra comunidad.

- Dietrich Bonhoeffer escribió en *Vida en Comunidad*: «El que no sabe estar solo, debe cuidarse de la comunidad...aquel que no esté en la comunidad que se cuide de la soledad. Estás llamado dentro de la comunidad; el llamado no se te ha hecho a ti solamente; dentro de la comunidad de los llamados llevas tu cruz».[1] Invite al grupo a hacer una pausa de unos momentos de silencio y recogimiento en la presencia de Dios quien nos une en Cristo.

* Haga una oración pidiendo apertura a la dirección de Dios en nuestra reunión y en nuestras vidas.

* Celebren cantando un himno, como «Hoy celebramos con gozo», #150; «Canto de esperanza», #281; o «Unidos», #348.

Intercambio de ideas (45 minutos)

Introduzca el tiempo de compartir (5 minutos).

* Indique que usted empezará compartiendo los Ejercicios 1 y 2: **¿Cuál es el llamado profundo y la promesa que sintió al comprometerse a ser parte de esta jornada como compañeros y compañeras en Cristo? ¿Qué alegrías y problemas ha experimentado hasta el momento?**

* Pida a los participantes que revisen por unos minutos los apuntes de su diario.

* Anímeles a escuchar a Dios en cada una de los pensamientos y experiencias de las personas.

* Como líder, establezca el modelo compartiendo primero sus ideas sobre estas dos preguntas.

Intercambien en grupos pequeños de tres o cuatro personas (30 minutos).

Permita que el tiempo de compartir se desarrolle naturalmente y que incluya todos los ejercicios, que se vaya dando según el Espíritu mueva al grupo.

Dé tiempo para proceso de grupo (10 minutos).

* Después de compartir, invite a que se haga una pausa para poner atención a lo que la gente está oyendo y viendo a medida que escuchan.

* **¿Qué ideas escucha sobre nuestras razones por las cuales somos parte de este grupo? Respecto a los tipos de apoyo mutuo, ¿estamos diciendo que los vamos a valorar o a resistir?**

- **Por lo pronto, ¿qué es lo que ha marchado bien sobre las maneras en la que hemos sido compañeros y compañeras en Cristo? ¿En qué necesitamos trabajar?**

RECESO (10 MINUTOS)

EXPLORACIÓN PROFUNDA (45 MINUTOS)

Presente el proceso de pacto (5 minutos).

Lo que deseamos hacer es estar de acuerdo en algunas expresiones de apoyo mutuo y prácticas compartidas que nos puedan servir como un pacto sencillo para nuestra jornada como compañeros y compañeras en Cristo. Obviamente, ya hemos hecho un cierto número de compromisos para ser parte de este grupo—leer y completar diariamente los ejercicios, reunirnos con el grupo por un período de veintiocho semanas, compartir en un proceso de descubrimiento honesto y mutuo. ¿Cómo capturamos en palabras nuestro compromiso unos con otros y con el proceso? ¿Qué otros compromisos queremos incluir? (En general, este proceso traerá como resultado compromisos en actitudes, tales como franqueza, disposición, apoyo, atención, y confidencialidad, en lugar de crear compromisos que requieran más tiempo. Sin embargo, si todos están de acuerdo y lo desean, pueden tener reuniones de hasta dos horas y media para permitir un proceso tranquilo y sin apuros.)

Dedique tiempo al proceso de hacer el pacto (30 minutos).

- Invite a los miembros del grupo a que se enfoquen en los apuntes de sus diarios para los Ejercicios 4 y 5.

- Por turno, vaya enumerando uno o dos compromisos o formas de apoyo mutuo que a usted le gustarían.

- Apunte todo lo que ha sido dicho, escríbalo en una pizarra o en una hoja de rotafolios.

- Empiece el proceso de combinación, selección y refinamiento de la lista. (Nota: Evite estancarse en un proceso editorial de grupo. Pónganse de acuerdo en lo básico. Antes de la siguiente reunión usted o un participante apropiado puede ofrecerse de voluntario para refinar la redacción de tal forma que refleje la intención de todo el grupo. Si el proceso se bloquea debido a desacuerdos, sugiera que un aspecto de un pacto puede ser aprender a discrepar con gracia, respeto y un compromiso compartido de paciencia, buscando en oración el propósito de Dios.)

Presente la Red y conexiones de oración de Compañerismo en Cristo (10 minutos).

Otros grupos en todo el país están participando en *Compañerismo en Cristo* tal como nuestro grupo lo está haciendo. Aun cuando estamos enfocados en lo que está pasando en nuestro grupo, es importante para nosotros saber que podemos comunicarnos con y estar conectados a otros grupos que están ocupados en la misma jornada espiritual. El lazo de comunicación para nosotros, por lo menos al inicio, será la página Web que ha sido establecida por Upper Room Ministries. Luego tendremos la oportunidad de estar directamente en contacto con otro de los grupos.

La página Web es www.companionsinchrist.org. Puede ingresar a este sitio Web y leer los comentarios de otros grupos. También tendremos la oportunidad de orar por otros grupos de *Compañerismo en Cristo* a medida que nuestros estudios continúan. En este momento, vamos a llenar la hoja que se encuentra en la página al final del libro.

CLAUSURA (10 MINUTOS)

Permanezca en silencio por dos minutos. Invite a la gente a respirar profundamente: recuerde la presencia de Dios, relájese en la gracia, y deje ir cualquier tensión que aflore.

Reflexionen en esta experiencia durante unos minutos. ¿Dónde siente confirmación interior o seguridad por las decisiones que ha tomado? ¿Dónde siente preocupación? ¿Dónde se siente desafiado?

Invite a que el grupo ore: Pida que hagan oraciones cortas que surjan como resultado del tiempo que han pasado juntos. Cierre con el Padre Nuestro y canten el «Unidos», #348; «Miren que bueno», #278; o «Sagrado es el amor», #347.

Atienda los asuntos finales. Asegúrese de que todos estén conscientes del tiempo, lugar y tareas para la próxima reunión.

Alimentarse de la Palabra:
La mente de Cristo

Notas introductorias del líder para la Parte 2

La Parte 2 presenta la Escritura como un camino de formación en la mente de Cristo. Su papel como líder es el de guiar al grupo a explorar practicas clásicas de meditación por medio de las cuales los buscadores espirituales permiten que la Palabra viva descienda desde la cabeza hasta el corazón, y del corazón a las manos en un vivir transformado.

Antes de que empiece a prepararse para la Semana 1 de la Parte 2, tome unos minutos para revisar toda la Parte 2. Dése una idea del flujo de las lecturas de las cinco semanas, las cinco reuniones semanales, y las varias prácticas que usted ayudará al grupo a experimentar.

Revise la sección llamada «Preparación» en la primera página de las cinco semanas en la Parte 2 de la Guía del Líder. Asegúrese de saber con anticipación sobre cualquier cosa que necesite arreglar que requiera tiempo o esfuerzo extra. Si su grupo está teniendo dificultades para completar las secciones «Intercambio de ideas» y la «Exploración profunda» en el tiempo sugerido, podría considerar añadir treinta minutos a su tiempo de reunión (de un periodo de dos horas a uno de dos horas y media). Por supuesto, todos los participantes deberán de cstar de acuerdo y apoyar el cambio.

Los líderes de los grupos de prueba enfatizaron la necesidad de poner en su horario por lo menos una hora semanal para estudiar y prepararse para dirigir las reuniones semanales, además del tiempo requerido para hacer los ejercicios diarios en el Libro del Participante junto con los otros miembros del grupo. Si le parece que los acercamientos formativos a la Escritura en la Parte 2 le son relativamente desconocidos, tome tiempo para practicarlos personalmente a fin de que llegue preparado interiormente como un «líder estudiado». La calidad de su presencia como líder de grupo será realzada por la honestidad y humildad de un verdadero aprendiz en contraste con la pretensión de tratar de ser un «maestro espiritual» o experto.

Cuando se enfrente con el desafío de guiar al grupo en el uso de una manera desconocida de interactuar con la Escritura, evite la tentación de regresar a la seguridad de un patrón más familiar de dirigir estudios bíblicos y discusiones de escuela dominical. Mantenga el foco de lo que Dios quiere decirnos en la Escritura en vez de permitir que intercambios interesantes de opiniones o comentarios académicos sobre la Escritura dominen y desplacen el escuchar en oración.

A estas alturas usted ya conoce a quiénes tienden a dominar el diálogo o permanecer en silencio. Trate de sacar las ideas y contribuciones de las personas más calladas a la vez que respeta los temperamentos naturales de los miembros del grupo—no sólo por su bien, sino también por el beneficio del grupo del cual son miembros valiosos. Si es necesario, desafíe a las personalidades dominantes a estar conscientes y a encaminar sus energías en formas que realcen la interacción del grupo. Ayude a que cada persona recuerde que la clave de este curso único no está en hablar sino en escuchar. En algunas ocasiones, interrumpa los diálogos que se alargan, invite a los miembros del grupo a pausar y escuchar en silencio lo que están oyendo. Después de unos pocos momentos, pídales hablar desde sus corazones, empezando primero con aquellos que tienen menos que decir.

Antes de empezar esta sección, visite www.companionsinchrist.org para ideas o conversaciones sobre cómo dirigir esta parte. También imprima la lista de iglesias que están en el peregrinaje a través de *Compañerismo en Cristo*. Busque un tiempo apropiado al inicio o final de una reunión para presentar la lista a su grupo para oración. Celebre su compañerismo con otras iglesias que se unen con ustedes en buscar una experiencia más profunda de la presencia y dirección de Dios. Pida a los miembros de su grupo que firmen una tarjeta, escriban un saludo personal, o envíen un pequeño regalo (puede ser un separador de libros) a un grupo de *Compañerismo en Cristo* en otra iglesia, como una manera de animarles y fomentar un espíritu de comunión entre las iglesias.

Que Dios sea con usted a medida que dirige a los miembros del grupo a llegar a ser compañeros y compañeras en la Palabra.

Parte 2, Semana 1
¿Por qué llamamos a la Biblia la Palabra de Dios?

Preparación

Prepárese espiritualmente. Lea el material para la Semana 1 de la Parte 2, haga todos los ejercicios, y mantenga su diario igual que los otros participantes. Ore por cada participante y por su reunión de grupo.

Prepare el lugar y los materiales. Asegúrese de tener los himnarios y el acompañamiento adecuado. Seleccione los cantos para la «Apertura» y la «Clausura». Ponga las sillas en un círculo y una mesa de centro con una vela. Tenga una copia de las hojas de la reflexión bíblica de las páginas 67–68 para todos los miembros del grupo.

Revise el propósito de la reunión: Que los participantes crezcan en su apreciación del transformador poder de la Palabra en la Escritura y en la práctica de la lectura espiritual a fin de que para ellos, las palabras de la Biblia lleguen a ser la Palabra de Dios.

Apertura (10 minutos)

Dé la bienvenida a cada participante personalmente conforme vayan llegando.

Establezca el contexto.

Esta reunión es la primera de cinco en las que aprenderemos formas de «alimentarnos en la Palabra de Dios». A medida que leamos la Escritura en oración, empezaremos a permitir que la mente de Cristo que se expresa en la Palabra de Dios nos moldee más profundamente. Esta semana nos centraremos en la diferencia entre los acercamientos escriturarios formativo e informativo.

Únanse en adoración.

- Encienda una vela como recordatorio de la Luz que ilumina nuestras mentes cuando escuchamos la Escritura con corazones abiertos al Espíritu Santo.

- Lea Isaías 55:1-3. Invite a los participantes a reflexionar en este pasaje, usando estas preguntas: **¿De qué está sediento? ¿En qué maneras usted trabaja para aquello que no satisface? Escuche la invitación que este pasaje tiene para usted.**

- Cante unas cuantas estrofas de un himno o coro celebrando la Palabra de Dios como los himnos «Cuán firme cimiento», #256; «Salmo 117», #310; y «Oh! Cantádmelas otra vez», #313.

- Eleve una breve oración de apertura.

INTERCAMBIO DE IDEAS (45 MINUTOS)

- Dé a los participantes un momento para revisar sus diarios y compartir aquello que les habló más profundamente.

- Anímeles a escuchar: Practiquen oír la voz de Dios en cada historia y reflexión personal.

- Como líder, ponga el ejemplo dando primero su respuesta (muy breve), o invite a que cualquier participante, si lo desea, empiece compartiendo.

- Después de que todos hayan compartido, invite al grupo a identificar algún patrón o algunos temas que hayan surgido.

RECESO (10 MINUTOS)

EXPLORACIÓN PROFUNDA (45 MINUTOS)

Explore la diferencia entre la lectura informativa y formativa de la Escritura (10 minutos).

- Explique la diferencia entre un acercamiento informativo y formativo a la Escritura. Use el gráfico "Lectura Informativa y Formativa" (Libro del Participante, página 330) y las Notas del Líder de la página 66 al discutir estos dos tipos de lectura.

- En la lectura informativa y formativa, hacemos dos tipos de preguntas complementarias:

  Informativa: **¿Qué necesito conocer para poder oír lo que el autor original estaba diciéndole a la gente en ese entonces? ¿Qué verdad(es) transmite este pasaje sobre Dios, la gente, la vida y la fe cristianas? Algunas veces estas preguntas son más necesarias que otras.**

Formativa: **¿En dónde me invita este pasaje a profundizar, y por qué? ¿En dónde habla Dios a mi vida en este pasaje? ¿Qué es lo que Dios me/nos está diciendo? ¿Cómo estoy llamado/a a responder a Dios en oración, cambio, o acción?**

Dirija al grupo en un estudio Bíblico sobre Lucas 4:14-30 (30 minutos).

Las hojas de reflexión que se encuentran en las páginas 67–68 ayudarán al grupo a pasar de una lectura informativa de la Biblia a un nivel más formativo de lectura y reflexión.

• Distribuya las hojas de reflexión a cada persona.

• Invite a cada participante a encontrar un lugar silencioso para una reflexión a solas de veinte minutos.

• Reúna al grupo para compartir las reflexiones sobre el pasaje. Invite a todos los miembros a compartir sus respuestas a la pregunta final: «El Espíritu del Señor está sobre mí, por cuanto me ha ungido a mí para _____».

• Dirija al grupo en un círculo de oraciones breves para agradecer a Dios por lo que hemos recibido y para orar por aquellos a quienes la Palabra de Dios nos ha indicado orar. (Permita que la gente que no se siente cómoda orando en voz alta, se abstenga si lo desea.)

Pida a los miembros del grupo que discutan que han aprendido sobre los dos acercamientos a la Escritura (5 minutos).

Puede usar las siguientes preguntas: **¿De qué manera esta clase de interacción con la Escritura es similar o diferente al acercamiento que usted usa siempre? ¿Cómo describiría las diferencias entre los acercamientos informativo y formativo? ¿Qué le ayudaría a profundizar más en la Escritura?**

Clausura (10 minutos)

Tome tiempo para orar. Pida que escuchen en silencio meditando en la forma que el Espíritu ha hecho viva la Palabra en medio del grupo en este tiempo. Rompa el silencio clausurando con el Padre Nuestro.

Invite al grupo a repasar en oración la reunión. **¿Qué ha tocado especialmente su mente o corazón? ¿Cuándo se sintió más en la presencia de Dios, o cuando estuvo Dios más presente en usted? ¿Cómo era el sentimiento de presencia, interrumpido o restaurado?**

Anuncie el tiempo y lugar para la reunión de la próxima semana y también anuncie asuntos de importancia.

Reciten o canten una bendición.

Notas del líder sobre las lecturas de la Escritura

Hemos estado compartiendo sobre la transformadora, poderosa Palabra de Dios en la Escritura. La ecuación de transformación tiene dos lados: la dinámica de la inspiración de Dios en la producción de la Escritura y la dinámica de la inspiración de Dios en nuestras lecturas de la Escritura. En otras palabras, Dios estaba activo y presente cuando la escritura estaba siendo escrita; Dios también está activo y presente a medida que leemos la Escritura. Robert Mulholland escribe en *Shaped by the Word*, «Cuando estamos abiertos a Dios en nuestro lado de la ecuación inspiracional, la inspiración creativa de la Escritura llega a ser la inspiración productiva de Dios en nuestras vidas. Llegamos a ser una parte inherente de la inspiración de la Escritura». Podemos ofrecer apertura a Dios de nuestro lado al practicar un acercamiento formativo a la Escritura. (Para más información sobre este tema, revise *Shaped by the Word*, edición revisada, páginas 49–63).

El Espíritu del Señor está sobre mí
LUCAS 4:14-30

1. *Preguntas informativas*

a) Lea el pasaje: ¿Qué información nos ayudará a escuchar el relato como Lucas lo dice?

b) Revise las siguientes notas como parte de su lectura.

v. 16—La costumbre de Jesús no era sólo adorar en la sinagoga sino también presentar su mensaje.

v. 17—El procedimiento era que el asistente de la sinagoga le pasara el rollo a Jesús.

v. 18-19—Jesús define su misión como el cumplimiento de Isaías 61:1-2 con algunas variaciones.

v. 20—Jesús se pone de pie para leer pero se sienta para predicar.

v. 23—La gente se pone hostil conforme la magnitud del mensaje de Jesús les llega en lo personal.

v. 26-27—La viuda de Sarepta y Naamán el sirio no eran judíos, y sabían de la ayuda de Dios pero Israel no lo sabía.

[Las notas son adaptadas de *The New Oxford Annotated Bible*, NRSV (New York: Oxford University Press, 1991), 84 NT.]

c) ¿Qué piensa que Jesús estaba diciendo con las palabras: «*El Espíritu del Señor está sobre mí, por cuanto me ha ungido...*»?

d) ¿Qué cree que Jesús quería decir con: «*Hoy se ha cumplido esta Escritura delante de vosotros*»?

e) ¿Qué cree que Lucas quería que los lectores entendieran sobre Jesús y su misión al decirles este relato?

2. *Preguntas formativas*

La pregunta fundamental que traemos a nuestra lectura de la Escritura es: ¿Qué es lo que Dios nos está llamando a hacer y a ser?

Vuelva a leer los versículos 18-19. Escúchelos ahora, no como un observador de Jesús, sino como un participante en la vida de Jesús. Escuche esas palabras como si estuvieran dirigidas a usted, como miembro del cuerpo de Cristo, la Iglesia.

a) Seleccione la frase que usted oyó más claramente o que parece llamarle. Pase unos pocos minutos meditando en el significado que tiene para usted. ¿Por qué llamó su atención?

b) Considere las formas en las que puede ejecutar o encarnar esta palabra—ahora, mañana, o esta semana. Comparta sus ideas con Dios.

c) Como miembro del cuerpo de Cristo, complete esta oración. "*El Espíritu del Señor está sobre mí, porque me ha ungido para* _____». Dé gracias a Dios por la forma particular en que Dios le está invitando a compartir en la vida de Cristo.

Parte 2, Semana 2
Estudio de la Escritura como una disciplina espiritual

PREPARACIÓN

Prepárese espiritualmente. Lea el material para la Semana 2 Parte 2, haga los ejercicios, y mantenga su diario igual que los otros participantes. Pase un tiempo en oración pidiendo apertura a la presencia de Dios, ore por cada participante.

Prepare los materiales y el lugar. Asegúrese que tiene los himnarios y el acompañamiento adecuado. Seleccione una oración para iluminación y cantos para la «Apertura» y la «Clausura». Arregle las sillas en un círculo con una mesa al centro y una vela.

Revise el propósito de la reunión. Que los participantes aprendan y practiquen el arte antiguo de la lectura espiritual como una manera de acercarse a la Escritura y recibir la Palabra.

APERTURA (10 MINUTOS)

Dé la bienvenida a todos los participantes personalmente conforme vayan llegando.

Establezca el contexto.

Esta es nuestra segunda reunión para explorar maneras de recibir alimento espiritual y formación a través de la Escritura. El foco particular de esta semana es la «lectura espiritual» como un acercamiento formativo a la Palabra de Dios.

Únanse en adoración.

- Encienda una vela y haga una «oración por iluminación» como aquellas que preceden la lectura de la Escritura en los cultos públicos. Invite a los participantes a tomar las palabras de la oración para el corazón y abrirse a la gracia del Espíritu a medida que escuchan la Palabra de Dios.

- Lea el Salmo 119:10-16. Ofrezca unas preguntas para reflexionar en silencio, tales como: **¿Cómo atesora usted la Palabra de Dios en su corazón? ¿En qué aspectos de la Escritura usted se deleita?**

- Canten un himno o canto que celebre la Palabra de Dios (sugerencia: «Cristo me ama», #314).

- Eleve una oración de apertura.

INTERCAMBIO DE IDEAS (45 MINUTOS)

Pida a los miembros del grupo que identifiquen en dónde han experimentado la presencia de Dios en sus vidas esta semana.

Pida a los miembros del grupo que seleccionen un ejercicio para compartir. Dé tres minutos a cada uno.

- Dé un momento para que revisen sus diarios.

- Anímeles a que escuchen: Practiquen escuchar a Dios en la reflexión y la historia de cada persona.

- Como líder, ponga la muestra compartiendo su respuesta primero (brevemente) o invite a cualquier participante que quiera empezar compartiendo.

- Después de que todos/as hayan compartido, invite al los participantes a que identifiquen algún patrón o algunos temas que hayan surgido. Resalte las muchas maneras en las que Dios nos habla personalmente a través de estos textos antiguos, en una manera especialmente apropiada a nuestro tiempo y necesidad. Esta es la gracia del Espíritu trabajando en la Escritura.

RECESO (10 MINUTOS)

EXPLORACIÓN PROFUNDA (45 MINUTOS)

La semana pasada discutimos la diferencia entre el acercamiento informativo y formativo a la Escritura. Un nombre del acercamiento formativo es «lectura espiritual». Analicemos lo que involucra la lectura espiritual y luego la práctica de ella.

Introduzca la lectura espiritual (15 minutos).

- Ofrezca estas sugerencias básicas para la lectura espiritual de la Escritura.

  1. El propósito de la lectura espiritual es escuchar a Dios. Pregúntese a sí mismo, «¿Qué es lo que Dios me quiere decir a través de todo esto?»

  2. Responda a lo que lee con su corazón y espíritu así como con sus facultades intelectuales y racionales. Lea la Escritura así como leería y reflexionaría en una carta de un amigo—todo dentro de un contexto de una relación. Donde necesite más explicación, búsquela. Pero hágalo sin perder el foco en la relación.

  3. Deje que su respuesta tome lugar en los niveles profundos de su ser. Pregúntese a sí mismo preguntas tales como: «¿Cómo me siento respecto a lo que se está diciendo? ¿Cómo estoy respondiendo interiormente?» Luego analice sus respuestas: «¿Por qué estoy respondiendo de esta forma? ¿De dónde vienen estos sentimientos? ¿Qué está ocurriendo dentro de mí?» Reflexione en lo que sus reacciones le dicen de su persona—sus actitudes, hábitos, perspectivas, y relación con Dios. A medida que llega a ser más consciente de su respuesta personal a la lectura, pregúntese: «¿Qué me está diciendo Dios aquí?»

- Invite a los participantes a pensar en estas sugerencias con sus ideas y experiencias. Podría pedirles que piensen en las diferencias entre leer el periódico y leer una carta personal, o entre leer el manual de un carro y leer la Biblia. ¿Cómo caracterizaría las diferencias en la intención, acercamiento y preparación?

- Lea Hechos 8:26-40 como una ilustración de lectura espiritual. Pídale al grupo que busque evidencias de la lectura espiritual y alguna de sus dinámicas. **¿Qué nos dice el relato?**

Dirija al grupo en una lectura espiritual, usando Hechos 8:26-40 (30 minutos).

Primero, pida a alguien del grupo que lea el pasaje. Los miembros del grupo pueden seguir la lectura en su Biblia o simplemente escuchar (5 minutos).

- Anime a los miembros del grupo para que escuchen esta vez buscando el fluir del relato y aspectos de la historia que pudieran requerir más explicación o contexto.

- Comparta la información del contexto como lo crea conveniente. Tómelas del material en las Notas del líder en la página 73.

Segundo, dirija a los participantes a que lean y mediten en el pasaje en forma silenciosa (15 minutos).

• Pídales buscar un espacio solitario.

• Recuérdeles aplicar las sugerencias para la lectura espiritual.

• Anímeles a dejar tiempo para una reflexión silenciosa en lo que Dios les está diciendo a través de esta experiencia de lectura.

Tercero, llame al grupo a que se vuelvan a reunir para una reflexión todos juntos (10 minutos).

• Invite a los participantes a compartir un don que hayan recibido a través de este tiempo de lectura espiritual.

• Pídales reflexionar en lo que ha pasado y lo que hicieron durante su tiempo de lectura: cómo se aproximaron, las dificultades que experimentaron, o cosas que aprendieron sobre la lectura espiritual.

Clausura (10 minutos)

Canten un canto de meditación o un himno para recogerse en un espíritu de atención a Dios. Algunas sugerencias son: «Padre Dios, te alabo y te bendigo», #17; o «El amor de mi Señor», #40.

Tomen tiempo para orar: Invite al grupo a que hagan oraciones breves unos por otros que surjan de lo que se ha compartido en el tiempo juntos. Clausure con el Padre Nuestro o una frase de un Salmo.

En oración hagan un recuento de la reunión: **¿Dónde sintió la presencia de Dios o guía en el tiempo de reunión? ¿Dónde o cómo fue interrumpida esa sensación? ¿Qué bendición se llevará con usted en su vida esta semana (una palabra o frase)?**

Anuncie la reunión de la próxima semana, la hora, lugar y otros asuntos de importancia.

Reciten o canten una bendición.

Notas del líder sobre Hechos 8:26-40

Quizá le resulte de ayuda el revisar estas notas en preparación para responder a cualquier clase de preguntas que puedan surgir en la primera parte de este ejercicio. Únicamente es información de trasfondo. Si en las preguntas los participantes no lo mencionan, no hay necesidad de presentar esta información.

Era muy común que los oficiales de la corte de una reina fueran eunucos. Algunas veces los padres dedicaban a sus pequeños hijos a la corte como devolución de ciertos favores reales o protección. A un adulto eunuco se le podía distinguir por tener una voz aguda, por ser de constitución gruesa o regordete, y a menudo por tener la cabeza rapada.

Los judíos, parte de la diáspora judía (dispersión), en ese tiempo se encontraban en Etiopía. El eunuco de este relato puede haber sido un «temeroso de Dios» o prosélito, que estaba siendo preparado con una instrucción intensiva para llegar a ser un judío convertido.

Deuteronomio 23:1 especifica que un eunuco no puede ser admitido en la asamblea de Dios. Datos históricos indican que había una pared de cuatro pies de altura alrededor del Templo en Jerusalén prometiendo la muerte a cualquier gentil que entrara ilegalmente. A los eunucos no se les permitía adorar en el Templo en la tradición judía porque su «mutilación» los hacía impuros o con falla.

Sin embargo, Isaías 56:3-5 indica una promesa para el futuro concerniente a los eunucos y otros «forasteros» que el relato en Hechos 8 parece cumplir.

Mientras que parece posible que un eunuco aprendiera algo de hebreo, es más probable que ellos leyeran y hablaran griego, la lengua común de ese tiempo. Él debió haber sido un hombre muy bien educado así como también un hombre de dinero, dado que su profesión era tesorero de la corte.

Asegúrese de ayudar a los participantes a tomar nota del texto que el eunuco estaba leyendo, y pregúnteles si ven alguna razón por la que el eunuco debía particularmente estar interesado en ese pasaje.

Parte 2, Semana 3
Meditación en la Palabra

PREPARACIÓN

Prepárese espiritualmente. Lea el material para la Semana 3 Parte 2, haga todos los ejercicios, y mantenga su diario al igual que los participantes. Ore por cada participante y por su habilidad de estar presente ante Dios en y a través de la reunión del grupo.

Prepare los materiales y el lugar. Asegúrese de tener himnarios y el acompañamiento apropiado. Asegúrese de tener himnarios y el acompañamiento apropiado; canten «Padre, tu palabra es», #311. Arregle las sillas en círculo con una mesa al centro y una vela.

Revise el propósito de la reunión. Que los participantes continúen aprendiendo la lectio divina como una manera de entrar en la Escritura y escuchar la voz de Dios para sus vidas.

APERTURA (10 MINUTOS)

Dé la bienvenida personalmente a cada participante conforme vayan llegando.

Establezca el contexto.

Toda la semana hemos estado practicando una forma clásica de meditación con la Escritura llamada lectio divina. En nuestra reunión esta semana, estaremos profundizando nuestro entendimiento y experiencia en esta forma de lectura espiritual.

Únanse en adoración.

- Encienda una vela. Pida a los participantes que observen la luz y que inviten interiormente al Espíritu Santo a que ilumine las mentes y corazones de cada persona en esta reunión al estar unidos en torno al texto sagrado.

- Lea el Salmo 119:105-12. Dé unos minutos de reflexión silenciosa, y luego lea nueva-mente los versículos 105, 111, y 112. Sugiérales que pasen unos minutos en reflexión silenciosa y orando.

- Canten o toquen el canto «Tu Palabra es lámpara a mis pies», quizá invite al grupo a cantar juntos el estribillo después de cada estrofa. Puede sustituir el canto por otro que sea apropiado si no puede encontrar la música/letra de esta pieza.

- Eleve una breve oración de apertura.

INTERCAMBIO DE IDEAS (45 MINUTOS)

Dé tiempo a los participantes de hablar sobre dónde han experimentado la presencia de Dios en sus vidas en la semana que pasó.

Invite a compartir los ejercicios diarios. El foco de esta semana está en confiar en la abun-dancia y amor de Dios. Empiece el tiempo de compartir usando el Ejercicio 5.

- Dé un momento para que los participantes vean sus diarios y recuerden sus experien-cias.

- Como líder, dé el ejemplo ofreciendo su respuesta primero (muy brevemente) o invite a cualquier participante que desee empezar.

- Después de que todos hayan compartido, pídale al grupo que identifique algún patrón o algunos temas que hayan surgido.

RECESO (10 MINUTOS)

EXPLORACIÓN PROFUNDA (45 MINUTOS)

Presente la práctica de lectio divina (10 minutos).

Revise el trasfondo de la práctica antigua de la meditación cristiana llamada lectio divina y sus cuatro movimientos básicos. El grupo ha estado usando este acercamiento de orar la Escritura toda la semana a través de los ejercicios diarios. Evite lenguaje complejo y oscuro. Explique la naturalidad de los movimientos de maneras cotidianas, quizá seña-lando las palabras ordinarias que habremos de usar hoy para describir cada etapa: *leer, reflexionar, responder y descansar.*

Dirija al grupo en una experiencia guiada de lectio divina *usando Filipenses 2:1-11 (35 minutos).*

- Antes de empezar, pida a los participantes que se preparen con un momento de apertura silenciosa a Dios.

- *Leer*

  Prepare a los participantes para la primera lectura pidiéndoles que escuchen silenciosamente como si estuvieran oyendo el pasaje por primera vez. ¿Qué partes llaman su atención? ¿Qué palabras, frases o imágenes escuchan como si fuera la primera vez? A medida que escuchan, pídales que apunten en sus diarios y que esperen en silencio por el tiempo para compartir.

  Lea el pasaje la primera vez despacio.

  Después de uno o dos minutos de silencio, invíteles únicamente a compartir palabras, frases o imágenes. (Los significados e interpretaciones vendrán después.)

- *Reflexionar*

  Pida a los participantes que se preparen para la segunda lectura, a medida que escuchan, que se enfoquen en una frase en particular o imagen a la que se sientan atraídos. Use estas preguntas: **¿Por qué se sintió atraído? ¿Qué le recuerda? ¿Qué significado tiene para usted? ¿Qué puede estarle diciendo Dios?**

  Lea el pasaje por segunda vez despacio.

  Después de dos o tres minutos, invíteles a compartir las respuestas a las preguntas.

- *Respuesta*

  Que los participantes se preparen para una tercera lectura. Esta vez, mientras escuchan, invíteles a cambiar de una conversación con ellos mismos sobre el texto a una conversación con Dios. Anímeles a que le digan a Dios qué es lo que el pasaje les evoca, luego a escuchar y responder a lo que Dios tiene para decirles.

  Lea el pasaje la tercera vez. Después de tres minutos de silencio, invíteles a un tiempo de oración. Pídales llevar a Dios, acciones de gracias, preocupaciones e intercesiones que la meditación en el texto les haya evocado.

- *Descanso*

  Invite a los participantes a un tiempo de silencio para descansar profundamente en la presencia amorosa de Dios. Pídales que se liberen a sí mismos y sus oraciones a Dios en una confianza infantil. Dé algunos minutos de quietud.

- Dirija al grupo en una reflexión en la experiencia de lectio divina. ¿Qué recibieron? ¿Qué fue lo que les pareció de más ayuda en el proceso? ¿Qué encontraron de obstrucción o extraño? ¿Vieron cómo el mismo acercamiento puede ser usado a veces en una reflexión solitaria como también en grupo?

CLAUSURA (10 MINUTOS)

Canten juntos o toque nuevamente «Padre, tu palabra es», #311. También puede escoger otra pieza apropiada como «Señor, revélate ante mí», #223.

Que todos en silencio piensen la oración que cada uno llevará durante la semana de su lectio durante este tiempo de reunión. Si lo desean las personas pueden decir su frase en voz alta.

Eleve una oración de gratitud para clausurar.

Dé los anuncios pertinentes al grupo.

Reciten o canten una bendición.

Parte 2, Semana 4
Dirigir la imaginación

PREPARACIÓN

Prepárese espiritualmente. Lea el material para la Semana 4 Parte 2, haga todos los ejercicios, y mantenga su diario junto con los otros participantes. Ore por cada participante y por la dirección de Dios durante la reunión.

Prepare los materiales y el lugar. Asegúrese que tiene himnarios y el acompañamiento adecuado. Arregle las sillas formando un círculo con una mesa al centro y una vela. Para la «Clausura», llene con arena o tierra un molde grande de hornear galletas, de los que tienen borde.

Revise el propósito de la reunión. Que los participantes aprendan nuevas maneras de leer y meditar en la Escritura usando su imaginación.

APERTURA (10 MINUTOS)

Dé la bienvenida a todos los participantes personalmente conforme vayan llegando.

Establezca el contexto.

Esta semana en la lectura y ejercicios diarios hemos estado explorando varias formas de meditar imaginativamente con la Escritura. En nuestro tiempo de reunión, compartiremos algunas de esas experiencias y trabajaremos juntos a través de una meditación guiada.

Únanse en adoración.

- Encienda una vela para representar a Cristo en medio nuestro. Invite a los participantes a visualizar la luz de Cristo irradiando del centro a todo el cuarto. Dirija una breve oración imaginativa: Con sus ojos cerrados, imagine que esta luz llena a cada persona, penetrando cada mente, bendiciendo cada corazón con lluvias de bondadoso amor... empápese de la luz y amor que le rodean; inhálelos dentro de cada célula de su cuerpo, dejándolos refrescarle y sostenerle... dé gracias interiormente y con sus ojos todavía cerrados deje que sus brazos, manos o cara expresen su gratitud en cualquier forma que sienta natural... Cuando sienta que su oración está completa, abra sus ojos.

- Canten un himno o canto sobre la luz de Cristo. Se sugieren los siguientes cantos: «Abre mis ojos a la luz», #184; «Ven, Espíritu de Dios», #177; o «Santo Espíritu, desciende», #179.

- Lea el Salmo 19:7-10 a un ritmo tranquilo, y termine con una oración breve pidiendo a Dios que nos dé corazones deseosos de la Palabra de Dios más que oro fino o cualquier otro tesoro terrenal.

INTERCAMBIO DE IDEAS (45 MINUTOS)

Invite a los participantes a que compartan dónde fue que Dios pareció más presente en sus vidas durante la semana pasada.

Pida a los miembros del grupo que compartan sus experiencias con los ejercicios diarios y especialmente las experiencias usando la imaginación con los relatos familiares del nacimiento de Cristo.

- Anímeles a que se abran a lo que Dios puede estar diciéndoles a través de las palabras y experiencias de otros participantes.

- Como líder, ponga la pauta para compartir ofreciendo su respuesta primero (muy brevemente) o invite a cualquier participante que desee empezar compartiendo primero.

- Después que todos hayan compartido, invite al grupo a identificar algún patrón o algunos temas que hayan surgido.

RECESO (10 MINUTOS)

EXPLORACIÓN PROFUNDA (45 MINUTOS)

Explore el uso de la imaginación y meditación en la Escritura.

Discuta la experiencia de la gente con la meditación de la Escritura de esta semana.

- Pídales hacer una pausa para reflexionar un momento sobre cómo les está yendo con el uso de su imaginación en la meditación de la Escritura y para identificar lo siguiente:

  — ¿Qué es lo que les ha funcionado bien?

  — ¿Dónde han experimentado dificultad?

  — ¿Cuál de los varios acercamientos de los ejercicios de esta semana parecieron fáciles y fructíferos, o difíciles e infructuosos?

- Recuerde que diferentes personas encuentran diferentes acercamientos más apropiados para ellas. Por otro lado, los acercamientos incómodos pueden penetrar más profundamente en la vida interior y traer más poder transformador a nuestras vidas, porque nos hacen usar «músculos» mentales/espirituales que rara vez ejercitamos.

- Recuerde a los participantes estas palabras de la lectura semanal: «Usando la imaginación, podemos llevar una conversación con los personajes bíblicos y eventos a través de los cuales Dios escogió hablar. Tratamos de llegar a ser parte de la historia, imaginándola e identificándonos con los personajes descritos. Entrar al relato de esta manera puede abrir nuevas percepciones, inspirarnos y animarlos» (Libro del Participante, página 112).

- Prepare a los participantes para la meditación imaginativa dirigida usando alguna de la información de las Notas del líder (página 85).

Dirija al grupo en una meditación imaginativa basada en Juan 8:2-11 (20 minutos).

- Primero, lea el relato bíblico en voz alta e invite a los participantes a hacer una lista de las imágenes más vívidas para ellos.

- Luego, prepare al grupo para una meditación imaginativa guiada basada en este relato pidiendo a todos/as que escuchen con los ojos cerrados y liberen su imaginación para ver, oír, sentir, oler, hacer asociaciones, y participar en el relato. Anímeles a mantener los diarios listos para hacer apuntes de los descubrimientos e ideas.

- Invite a un momento de silencio y oración usando estas palabras o palabras similares: **Ofrezcamos a Dios nuestra imaginación e imágenes mentales para usarlas como un medio creativo de gracia y verdad en nuestras vidas.**

- Dirija al grupo en la siguiente meditación imaginativa. Recuerde leer despacio. Haga una pausa (indicada por puntos suspensivos...) entre las preguntas para dejar que los participantes tengan tiempo de profundizar y reflexionar en ellas.

«Por la mañana volvió al Templo, y todo el pueblo vino a él; y sentándose les enseñaba».

Visualice la escena. Imagínese a Jesús viniendo al Templo con sus discípulos, como era su costumbre día tras día. Imagínese a la gente reuniéndose, sentándose alrededor de él, a medida que enseñaba. ¿Qué ve?... ¿Qué se siente estar aquí?... ¿Por qué está usted aquí?

«Entonces los escribas y los fariseos le trajeron a una mujer sorprendida en adulterio y, poniéndola en medio, le dijeron: 'Maestro, esta mujer ha sido sorprendida en el acto mismo de adulterio'».

Identifíquese con la mujer. ¿Quién es usted, y cómo es su vida?... ¿Cómo se siente al ser traído/a ante Jesús y que le pongan ante toda esa gente?... ¿Cómo se siente ante sus acusadores?... ¿Cómo le mira Jesús cuando le ponen delante de todos?

«'Maestro, esta mujer ha sido sorprendida en el acto mismo de adulterio, y en la Ley nos mandó Moisés apedrear a tales mujeres. Tú, pues, ¿qué dices?' Esto decían probándolo, para tener de qué acusarlo».

Identifíquese con uno de los escribas o fariseos. ¿Cómo se siente por lo que está haciendo ahora?... ¿Cómo se siente con respecto a la mujer?... ¿Cómo le mira Jesús mientras la trae delante de él y hace los cargos contra ella?

«Pero Jesús, inclinado hacia el suelo, escribía en tierra con el dedo. Y como insistieran en preguntarle, se enderezó y les dijo: 'El que de vosotros esté sin pecado sea el primero en arrojar la piedra contra ella.' E inclinándose de nuevo hacia el suelo, siguió escribiendo en tierra».

¿Cómo responde usted a lo que dijo Jesús?

Ahora identifíquese con Jesús. Cuando ve a los fariseos y a la mujer, ¿cuál cree usted que realmente es el problema?... Cuando usted se agacha, ¿qué escribe en la tierra?

«Pero ellos, al oír esto, acusados por su conciencia, fueron saliendo uno a uno, comenzando desde los más viejos hasta los más jóvenes; solo quedaron Jesús y la mujer que estaba en medio».

Nuevamente tome el lugar de la mujer. ¿Cómo se siente estando sola y parada frente a Jesús?

«Enderezándose Jesús y no viendo a nadie sino a la mujer, le dijo: 'Mujer, ¿dónde están los que te acusaban? ¿Ninguno te condenó?' Ella dijo: 'Ninguno, Señor'. Entonces Jesús le dijo: 'Ni yo te condeno; vete y no peques más'».

¿Qué pensamientos y sentimientos avivan en usted las palabras de Jesús?... ¿Qué quiere decirle a Jesús antes de que usted continúe su camino?

Dé unos momentos de reflexión a solas (5 minutos). Invite a los miembros del grupo a tomar notas en sus diarios sobre esta experiencia.

Dialoguen sobre la experiencia con todo el grupo (10 minutos).

*   Dirija una discusión breve usando algunas preguntas como éstas:

    ¿Qué acusación siente que hay sobre usted ahora?

    ¿Quién siente usted que debe ser apedreado hoy?

    ¿A quién ha juzgado, y podría dejar ir sin juicio?

    ¿Qué situaciones difíciles se le han pedido que resuelva? ¿Qué patrón seguiría Jesús?

*   Discuta el proceso: qué les fue de ayuda, qué resultó difícil o de poca ayuda sobre el uso de la imaginación en la meditación del relato.

Clausura (10 minutos)

Participe en el perdón que Jesús ofrece en el relato.

*   Prepárese para la adoración poniendo un molde grande de hornear galletas, llena con arena o tierra en el piso frente a todos/as—un recordatorio de la tierra en la que Jesús escribió con su dedo.

*   Invite al grupo a cantar «Amarte sólo a ti, Señor», #229; «Salvador, a ti me rindo», #225; o cualquier otro himno que usted seleccione.

*   Dé oportunidad a los participantes para pasar adelante, si lo desean, para escribir en la tierra una letra o imagen que represente una acusación de ellos mismos o de alguien más de la cual necesitan liberación y perdón. (A medida que las personas pasan adelante, anime al grupo a que continúe orando con el canto).

- Después de que cada persona dibuje algo en la arena, pase su mano sobre la arena para borrar lo que han escrito, a la vez que cita Juan 8:11: «*Jesús le dijo: 'Ni yo te condeno; vete y no peques más'*».

- Cierre con una bendición.

Invite al grupo a repasar la reunión en actitud de oración: **¿Dónde se sintió más presentes ante Dios? ¿Dónde el sentido de presencia se rompió o salió fuera de lugar? ¿Qué don se lleva con usted para la próxima semana?**

Haga los anuncios de importancia para el grupo.

A manera de bendición para la clausura, lea el Salmo 19:14.

Notas del líder sobre las meditaciones imaginativas dirigidas

ALGUNAS GUÍAS

1. Recuerde que a lo largo de toda la Biblia, Dios habla a la gente a través de imágenes. Mantenga el foco en lo que el Dios de Jesús quiere revelar a través de imágenes, no imágenes en sí mismas. Prepárese a ser sorprendido a medida que Dios nos sale al encuentro en una imaginativa interacción con la Escritura.

2. Reconozca que la gente «ve» estas meditaciones de formas diferentes. Cada quien trae memorias personales de imágenes de la vida a la Escritura. También, alguna gente tiene imágenes claras; otros no, y pueden tener dificultad con este acercamiento.

3. No se preocupe demasiado por que la gente siga la meditación con precisión. En el transcurso de la meditación, una persona puede estar inclinada a seguir otra imagen o ir en una dirección diferente que puede expresar la dirección particular de Dios para esa persona. Dígale al grupo que no hay problema en caso de que esto suceda.

CUANDO GUÍA A OTROS

Cuando guía a otros, empiece dirigiéndoles en un momento de silencio y oración silenciosa. Luego, en una oración hablada, ofrezca su imaginación e imágenes mentales a Dios como un medio creativo para transmitir gracia y verdad a su vida. Lea una porción de la meditación despacio. Haga una pausa entre declaraciones o sugerencias. Dé suficiente tiempo a la gente para visualizar las escenas que usted va describiendo, para hacer una transmisión de un pensamiento a otro, y para dejar que la imaginación traiga respuesta a sus sugerencias. Guiándose a usted mismo por adelantado en un tiempo de meditación podrá preparar su espíritu y descubrir una marcha adecuada para todos. De esta forma, dirigirá mejor a los otros a un proceso interno que usted mismo ya ha experimentado.

CUANDO SE GUÍA A USTED MISMO

Empiece con un momento de oración silenciosa. Ofrezca su imaginación e imágenes mentales a Dios. Lea una porción a la vez, luego cierre sus ojos y perciba las ideas o imágenes con su imaginación. En vez de construir respuestas, tome tiempo para que las respuestas surjan de su interior y hasta lo sorprendan. De esta manera continúe lentamente a lo largo de la meditación. Si parece que nada estuviera sucediendo, explore lo que es «nada». ¿Es una emoción, un negocio sin terminar, o una ilusión que está ocupando su mente? ¿Puede dejarlos ir? ¿Está dejando que una distracción le impida ver, sentir, o lidiar con algo? Luego, tome tiempo para hacer apuntes sobre sus ideas, sentimientos, respuestas, sorpresas o bloqueos.

Parte 2, Semana 5
Meditación de grupo con la Escritura

PREPARACIÓN

Prepárese espiritualmente. Lea el material de la Semana 5 Parte 2, haga todos los ejercicios, y mantenga su diario al igual que los participantes. Pase tiempo en oración pidiendo por cada participante y también ore porque usted pueda oír a Dios hablando a través de la interacción con el grupo.

Prepare los materiales y el lugar. Asegúrese de tener los himnarios y el acompañamiento adecuado. Tenga varias velas para la «Apertura», y seleccione sus cantos con anticipación. Arregle las sillas en un círculo con una mesa en el centro y las velas.

Revise el propósito de la reunión: que los participantes aprendan y practiquen en grupo la lectio como una forma de estar juntos en la Palabra.

APERTURA (10 MINUTOS)

Dé la bienvenida a todos los participantes conforme vayan llegando.

Establezca el contexto.

A lo largo de estas cinco semanas, hemos estado explorando varias maneras en las cuales la Escritura sirve como un medio de gracia y guía en nuestras vidas. En esta reunión final, experimentaremos una sencilla y fructífera forma de usar lectio en un grupo pequeño.

Únanse en adoración.

- Encienda una vela para representar a Cristo en medio nuestro. Encienda varias velas pequeñas para representar nuestras vidas en Cristo, brillando con gracia. Agrupe las velas pequeñas alrededor de la vela del centro. Note cuánta más luz hay cuando nos unimos en comunidad alrededor de nuestro Señor resucitado.

- Invite a una oración de intercesión a través de la imaginación: **Cierre sus ojos y visualice la tremenda luz no creada de Dios, la luz de Vida... ahora vea a una persona por la cual usted tiene especial preocupación; e imagine la paz divina, limpiando, perdonando y entrando en cada capa del ser de esa persona para restaurarla... Deje esta persona al cuidado de Dios en el futuro. Termine su oración, y abra sus ojos.**

- Canten un himno o coro que se relacione al poder sanador de Dios encarnado en la Palabra, podría ser: «Tu palabra es, oh Señor», #312.

INTERCAMBIO DE IDEAS (45 MINUTOS)

Tome un tiempo para que los participantes compartan cómo Dios ha sido parte de sus vidas durante la semana que pasó.

Invite a compartir sobre los ejercicios diarios.

- Dé un momento a los participantes para revisar sus diarios y luego hablar sobre el acercamiento a la Escritura que escogieron usar.

- Como líder, modele el tiempo de compartir ofreciendo su respuesta primero (muy brevemente) o invite a cualquier participante que desee compartir primero.

- Después de que todas las personas han compartido, pida al grupo que identifique cualquier patrón o tema que haya surgido.

RECESO (10 MINUTOS)

EXPLORACIÓN PROFUNDA (45 MINUTOS)

Presente el proceso de Norvene Vest para la lectio en grupo (10 minutos).

La lectio en grupo es un proceso para orar la Escritura en grupos pequeños. La lectio en grupo provee una manera para que los grupos mediten con la Escritura como el centro de su tiempo de reunión. Este tipo de meditación en oración es una expresión comunal de profunda intimidad personal con Dios que está al centro de la fe cristiana. Explique el proceso de lectio usando el proceso impreso en la página 331 del Libro del Participante.

Guíe una experiencia de lectio de grupo usando Lucas 5:1-11 (30 minutos).

• Asigne tres personas además de usted para ser los lectores. Usted, el líder, será el lector #1. Pida a los demás lectores leer despacio cuando les dé la señal, de tal modo que los que escuchan puedan oír cada palabra y frase. Recuérdeles a los que escuchan antes de cada lectura a qué deben poner atención. Prepare a los miembros del grupo pidiéndoles que hagan silencio y estén presentes ante Dios, aguardando con expectativa.

• Recuérdeles escuchar buscando una comprensión total. Cuando usted esté listo, lea el pasaje por primera vez. (Después de unos momentos de silencio, el líder guiará la segunda lectura).

• Pida a cada persona que escuche atentamente poniendo atención en una palabra o frase en particular que parezca ser dada a cada uno. El lector #2 lee el pasaje nuevamente. Luego después de un minuto de silencio, el líder invita a las personas a decir en voz alta la palabra recibida. (En un espíritu de receptividad, el grupo escucha sin comentar. Cuando todos hayan compartido, el líder dirige la tercera lectura).

• Pida a los miembros del grupo meditar en cómo este pasaje parece tocar sus vidas. El lector #3 lee el mismo pasaje nuevamente. Luego cada miembro habla en voz alta brevemente sobre su sentimiento de haber sido tocado. (Nuevamente, el grupo recibe estas palabras sin hacer comentarios. Cuando sea apropiado, el líder dirigirá la cuarta lectura.)

• Pida a los miembros del grupo reflexionar en una posible invitación encontrada en ese pasaje para ser o hacer algo en los próximos días. El lector #4 lee el mismo pasaje otra vez. Deje que cada persona hable sobre su propio sentido de invitación. Las respuestas del grupo se limitan a preguntas de clarificación o breves afirmaciones, si sienten profundamente que son necesarias.

• Cuando todos han compartido, el líder invita al grupo a un período de oración. Cada persona ora en voz alta por la persona que tiene a su derecha—para que Dios la llene de poder para seguir esa invitación. Muévase alrededor del círculo de oración hacia la izquierda, a medida que cada persona ora por la persona de la derecha. Los miembros del grupo pueden optar por no participar en cualquier punto de compartir en este proceso. Si una persona decide no orar en voz alta, él o ella deberá orar silenciosamente y apretar la mano de la siguiente persona cuando la oración silenciosa haya terminado.

Dirija la reflexión del grupo sobre el proceso (5 minutos).

Permita a los miembros del grupo compartir sus reacciones y lo que han aprendido.

Clausura (10 minutos)

Canten juntos un himno o coro que usted escoja, relacionado a los temas de esta semana. Puede pedir a los participantes que sugieran una selección.

Lea Isaías 55:10-11. Invite a los participantes a reflexionar en silencio con algunas preguntas: **La Palabra de Dios no retorna vacía sino que cumple su propósito. ¿Cómo ha estado experimentando la «llenura» de la Palabra de Dios en estas semanas pasadas? ¿Qué sentimientos, palabras o imágenes capturan sus sentidos como producto de esta llenura?** Invite a los participantes a compartir, si ellos lo desean, una palabra o una imagen que haya surgido de su reflexión.

Invite al grupo a repasar la reunión en oración. **¿Dónde sintió la presencia de Dios o su guía con más claridad? ¿Dónde esta presencia fue obscura?**

Anuncie cualquier asunto de importancia para el grupo incluyendo el tiempo y lugar de su próxima reunión, especialmente si está planeando tomar un receso entre cada parte.

Canten o reciten una bendición.

Parte 3

Profundizar en la oración: El corazón de Cristo

Notas introductorias del líder para la Parte 3

La Parte 3 presenta la oración como un camino de formación espiritual en el corazón de Cristo. Disfrute su papel como aprendiz y como guía en esta aventura de seis semanas practicando la presencia de Dios en medio de la vida.

Antes de que empiece preparando la Semana 1 de la Parte 3, tome un tiempo para revisar toda la Parte 3. Dése una idea del flujo de las seis reuniones y las varias prácticas que usted facilitará en la sección «Exploración profunda» y «Clausura».

Revise la sección llamada «Preparación» en la primera página de las seis semanas en la Parte 3 de la Guía del Líder para cualquier cosa que requiera planear con anticipación. En particular, note que la "Exploración profunda" de la Semana 4 le presenta dos opciones. Cualquier opción requiere preparación por adelantado. Si escoge la opción 1, entonces deberá empezar enseguida a reunir cuadros o arte de situaciones humanas. Si escoge la opción 2, necesitará hacer arreglos para una excursión corta.

Incluya como parte de su preparación semanal la experiencia autodirigida del ejercicio de oración de la «Exploración profunda». De esta manera, podrá llevar a cabo cada sesión con seguridad en el proceso y con una mejor conciencia de la activa presencia de Dios para cada persona.

Anticipe la gratitud que los miembros del grupo podrán sentir por la oportunidad de lidiar con sus experiencias de oración y de explorar dimensiones de nuestra tradición espiritual de la cual quizá hayan oído poco en la iglesia o la escuela dominical. Recuérdele al grupo que un propósito de este curso es presentarles aspectos importantes del cristianismo clásico en las iglesias protestantes modernas. Si algún participante tiene problema con las formas más contemplativas de oración, permítale expresar su preocupación y orar como prefiera. Al mismo tiempo, anímeles a ingresar en estas seis semanas experimentales, explorando formas en las que pueden presentarse a Dios y Dios a ellos mientras están en compañía de amigos y amigas de confianza.

Mantenga en mente que cuando usted propone períodos de oración silenciosa, como en la sección «Exploración profunda» de las Semanas 1 y 6, está dando a su grupo un maravilloso regalo. Algún grado de resistencia es natural en una sociedad que se esfuerza por eliminar el silencio, especialmente en un grupo. Pero mantenga su dirección y permita a su grupo aprender por medio de la experiencia el valor del silencio voluntario con otras personas que están volcando su atención a Dios. Recuerde que el propósito principal de este curso es proveer el espacio para que la gente practique la presencia de Dios, no se trata únicamente de hablar sobre ello.

Antes de empezar esta sección, visite www.companionsinchrist.org para tomar ideas o tener conversaciones sobre cómo dirigir esta parte. Imprima la lista de iglesias que están en la jornada de *Compañerismo en Cristo*. Busque el tiempo apropiado al empezar o terminar una reunión para presentar la lista para que el grupo ore. Celebre su compañerismo con otras iglesias que junto a ustedes buscan una experiencia más profunda en la presencia y guía de Dios. Pídales a los miembros de su grupo firmar una tarjeta, escribir un saludo personal, o enviar un pequeño regalo (puede ser un separador de libros) a un grupo de *Compañerismo en Cristo* en otro iglesia, como una forma de darles ánimo y fomentar el espíritu de comunión entre las iglesias.

Planee por lo menos una hora adicional a la semana para estudiar y prepararse para dirigir las sesiones.

Que Dios sea con usted a medida que guía al grupo para que lleguen a ser compañeros y compañeras en oración.

Parte 3, Semana 1
La oración y el carácter de Dios

PREPARACIÓN

Prepárese espiritualmente. Lea el material para la Semana 1 de la Parte 3, haga los ejercicios, y mantenga su diario al igual que los otros participantes. Ore porque su atención a la presencia de Dios en su vida y en la vida de cada participante vaya creciendo cada día.

Prepare los materiales y el lugar. Reúna materiales de arte, incluyendo arcilla o plastilina. Si desea poner música para meditar durante el tiempo de «practicar la presencia de Dios», seleccione un cassette o disco compacto y asegúrese de traer su aparato de sonido para la reunión. Seleccione los cantos y tenga los himnarios listos. Arregle el lugar para su grupo con una mesa de centro y una vela.

Revise el propósito de la reunión. Que los participantes lleguen a estar más conscientes de sus imágenes de oración y su experiencia actual de estar en la presencia de Dios.

APERTURA (10 MINUTOS)

Dé la bienvenida a todos los participantes conforme vayan llegando.

Establezca el contexto.

Esta reunión es la primera de seis sesiones que nos ayudarán a profundizar en nuestra oración, y al hacer esto, podremos entrar plenamente en el corazón de Cristo. Empezamos esta semana explorando nuestras imágenes y experiencias de oración.

Únanse en adoración.

- Encienda una vela para representar a Cristo en medio nuestro quien nos guiará de nuestro entendimiento y práctica actual a un entendimiento y comunión más plenos en oración.

- Lea Lucas 11:1. Invite a unos minutos de silencio para reflexionar en la petición de los discípulos y para estar conscientes de la naturaleza de nuestra petición a medida que nos embarcamos en estas sesiones de profundizar en nuestra oración. Pregunte a los participantes si estarían dispuestos a compartir en una palabra o frase lo que buscan del Señor resucitado en relación a sus vidas de oración.

- Entonen una oración por medio de un canto familiar que les invite a recordar la presencia viva de Dios, podría ser «Espíritu de Dios», #162 o «Maravilloso es», #172.

INTERCAMBIO DE IDEAS (45 MINUTOS)

Pida a los miembros del grupo que identifiquen dónde han experimentado la presencia de Dios en sus vidas durante la semana que pasó.

Invitación a compartir alrededor de los ejercicios diarios.

- Dé a los participantes un momento para mirar sus diarios e identificar qué fue lo que les habló más profundamente.

- Anímeles a escuchar: Practiquen escuchar a Dios en las reflexiones y relatos de cada persona.

- Como líder, dé el ejemplo compartiendo su respuesta primero (muy brevemente) o invite a cualquier participante que desee hacerlo a que comience a compartir.

- Después que todos hayan compartido, invite al grupo a identificar cualquier patrón o temas que hayan surgido.

RECESO (10 MINUTOS)

EXPLORACIÓN PROFUNDA (45 MINUTOS)

Presente el tema de explorar la naturaleza de la oración (5 minutos).

- Las lecturas para esta semana sugieren que la oración es una respuesta personal a Dios, quien ya se ha hecho presente a nosotros/as.

- El autor de la Parte 3 escribe que en la oración, «Elegimos hacernos presentes a Dios, quien está siempre presente para nosotros, y responder a aquél que continuamente busca comunicarse con nosotros/as». Lea la siguiente cita del Hermano Lorenzo sobre la práctica de la presencia de Dios.

> Me ocupaba exclusivamente en mantenerme en la santa presencia de Dios. Hacia esto simplemente al poner mi atención en Dios y al estar total y cariñosamente consciente de [Dios]. A esto se le puede llamar ejercitarse en la presencia de Dios momento a momento, o para decirlo mejor, una silenciosa, secreta, y casi ininterrumpida conversación del alma con Dios.[1]

Invite al grupo a explorar la oración en la vida de Jesús (15 minutos).

• Forme parejas y asigne a cada pareja uno de los siguientes pasajes sobre la oración en la vida de Jesús: Lucas 2:48-51; Marcos 1:35-37; Mateo 11:25-26; Lucas 22:41-44; Juan 11:41-44; o Juan 17:15-23.

• Pida a cada pareja que considere qué dice el pasaje o qué implica sobre la presencia de Dios en Jesús o cómo Jesús estuvo presente ante Dios.

• Dé tiempo para que las parejas reporten ante todo el grupo.

Invite a los participantes a un período de practicar la presencia de Dios—que estén atentos y presentes a la realidad de la presencia de Dios con nosotros (15 minutos).

• **Hemos explorado nuestros pensamientos y lo que significa estar presentes ante Dios; ahora vamos a explorar nuestra experiencia.**

• **Tome los próximos quince minutos para presentarse silenciosamente a Dios en cualquier forma que usted se sienta guiado (sentado, caminando, observando la naturaleza, dibujando, moldeando plastilina, escribiendo en su diario, etc.).**

• **Nos reuniremos todos de vuelta dentro de 15 minutos para compartir.**

• **(Que la plastilina y los materiales de arte estén disponibles. Puede ambientar poniendo música para meditar.)**

Únanse para compartir (10 minutos).

• Forme grupos de tres personas

• Pídales que respondan las siguientes preguntas:

¿Cómo describiría su experiencia de estar en la presencia de Dios?

¿Qué le ayudó para estar en la presencia de Dios?

¿Qué interrumpió su experiencia de la presencia de Dios?

- Regresen al grupo grande y compartan con todo el grupo lo aprendido o cualquier idea que haya tenido.

Clausura (10 minutos)

Recuerde al grupo las tareas, tiempo y lugar para la próxima reunión, y cualquier otro anuncio.

Invite a que cada persona mencione el regalo y el desafío de la reunión.

Dirija en una oración para clausurar, o canten un himno o coro apropiado.

Para terminar, canten o reciten una bendición.

Parte 3, Semana 2
La lucha con lo que impide la oración

Prepárese espiritualmente. Lea el material para la Semana 2, Parte 3. Haga todos los ejercicios, y mantenga su diario igual que los participantes. Ore por cada participante y por su liderazgo, para que esté abierto a la guía del Espíritu Santo.

Prepare los materiales y el lugar. Seleccione coros o himnos para esta sección. Asegúrese de tener los himnos y coros apropiados. Arregle las sillas en círculo con una mesa al centro y una vela.

Revise el propósito de la reunión. Que los participantes lleguen a estar más conscientes de sus impedimentos para orar y tengan la oportunidad de desarrollar una «oración del corazón».

APERTURA (10 MINUTOS)

Dé la bienvenida a todos los participantes personalmente conforme van llegando.

Establezca el contexto.

Esta es la segunda reunión de seis que tratan sobre profundizar en la oración, la cual nos une más plenamente al corazón de Cristo. Continuaremos explorando el tema de los bloqueos o impedimentos para orar y probar una oración particular que pueda ser nueva para nosotros.

Únanse en adoración.

• Encendemos una vela para ayudarnos a recordar que el Cristo resucitado en medio nuestro es aquel a quien debemos volvernos para pedir iluminación en la oración. Cristo puede ayudarnos a percibir nuestros bloqueos a la relación de oración que deseamos; Cristo puede animarnos, darnos esperanza, persistencia y deseo de movernos más allá de esos bloqueos.

- Cante un coro o himno de seguridad, confianza o esperanza en Dios. Puede ser: «El amor de mi Señor», #40; «En momentos así», #61; o «Me ha tocado», #209.

- Eleve una oración pidiendo dirección y receptividad al Espíritu.

Intercambio de ideas (45 minutos)

Pida a los miembros del grupo que identifiquen dónde han experimentado la presencia de Dios en sus vidas en la semana que pasó.

Invitación a compartir sobre los ejercicios diarios.

- Dé a los participantes un momento para que revisen sus diarios e identifiquen aquello que les habló más profundamente.

- Anímeles a escuchar: Practiquen escuchar a Dios en las reflexiones e historia de cada persona.

- Como líder, ponga el ejemplo de cómo compartir respondiendo primero (muy brevemente) o invite a cualquier participante que desee hacerlo para que empiece el tiempo de compartir.

- Pida a la gente compartan sobre los impedimentos en la oración que han experimentado en sus vidas.

- Después que cada uno haya compartido, invite al grupo a que identifique los patrones o temas que hayan surgido.

Receso (10 minutos)

Exploración profunda (45 minutos)

Presente el tema de explorar los impedimentos a la meditación y oración (5 minutos).

- Adele González escribe en nuestras lecturas para esta semana:

  La oración no siempre es fácil, natural o espontánea. Si tomamos en serio nuestra vida de oración, con toda seguridad experimentaremos tiempos en los que orar se vuelve un desafío y una lucha. Muchas cosas... pueden interponerse entre nosotros y nuestra oración. Nos ayuda verlas y ver lo que podemos aprender de ellas sobre nosotros y sobre nuestra relación con Dios.

(Nota especial: Discuta los impedimentos únicamente en la medida que este asunto necesite atención siguiendo el tiempo de «Intercambio de ideas».)

Invite a los participantes a un tiempo de meditación y oración guiadas por las palabras de Marcos 10:46-52 (25 minutos).

* Establezca el contexto discutiendo lo que Dietrich Bonhoeffer escribió en *Vida en Comunidad:*

  El camino más promisorio hacia la oración es el dejarse guiar por la Palabra de la Escritura, y orar tomando por base la Palabra de la Escritura. De este modo no caemos en nuestro propio vacio espiritual».[1]

  También dijo: «Orar no significa otra cosa que estar dispuesto a adueñarse de la Palabra».[2] **Estaremos usando un pasaje de la Escritura para guiarnos a descubrir la oración de nuestros corazones y cualquier obstáculo que tenga.**

* Nota bíblica: **Este relato es la conclusión a una sección de Marcos que se enfoca en el verdadero discipulado. Irónicamente, Marcos presenta a Bartimeo (no uno de los hijos de Zebedeo que buscaba grandeza) como el modelo del verdadero discipulado. La historia termina diciendo que Bartimeo seguía a Jesús «por el camino». Nuestro propósito en oración es seguir a Jesús por el camino y, en el proceso, crecer a su semejanza.**

* Primera lectura: Lea el relato despacio para ayudar a que los que escuchan tengan un sentido completo del relato. Pida a los miembros del grupo que mencionen palabras o imágenes que llamen su atención, pero que las nombren sin mayor elaboración o explicación.

* Segunda lectura: Ahora invite a cada persona a moverse despacio por el relato de Bartimeo. Lea el relato en voz alta versículo por versículo. Siga cada versículo con preguntas y dirección para enfocarse en la meditación y oración como está bosquejado abajo. (Los versículos están impresos para que no tenga que ir y venir de la lectura de la Biblia a las preguntas de la meditación).

  Lea el versículo 46: «*Entonces vinieron a Jericó; y al salir de Jericó él, sus discípulos y una gran multitud, Bartimeo, el ciego, hijo de Timeo, estaba sentado junto al camino, mendigando*». Póngase en contacto con la parte de usted que está sentada al lado del camino junto con Bartimeo. Esta puede ser una parte olvidada o desatendida de usted. (Una pausa de cuarenta y cinco segundos).

Lea el versículo 47: «*Al oír que era Jesús nazareno, comenzó a gritar: ¡Jesús, Hijo de David, ten misericordia de mí!*» ¿Cuál es el lloro persistente de su corazón? (Pausa de cuarenta y cinco segundos.)

Lea el versículo 48: «*Y muchos lo reprendían para que callara, pero él clamaba mucho más: ¡Hijo de David, ten misericordia de mí!*» ¿Qué voces alrededor suyo y dentro de usted le dicen que se «calle» con respecto a su hambre espiritual? (Pausa de cuarenta y cinco segundos.)

Lea el versículo 49: «*Entonces Jesús, deteniéndose, mandó llamarlo; y llamaron al ciego, diciéndole: Ten confianza; levántate, te llama*». ¿Qué voces le animan a ir a Dios, diciéndole, «Ten confianza; levántate, te llama»? (Una pausa de cuarenta y cinco segundos.)

Lea el versículo 50: «*Él entonces, arrojando su capa, se levantó y vino a Jesús*». ¿Qué «capas» necesita tirar a fin de saltar e ir hacia Jesús? (Pausa de cuarenta y cinco segundos.)

Lea el versículo 51: «*Jesús le preguntó: ¿Qué quieres que te haga? El ciego le dijo: Maestro, que recobre la vista*». Examine su corazón en busca de la respuesta a la pregunta de Jesús: «*¿Qué quieres que te haga?*» ¿Qué necesita para estar completo? (Una pausa de sesenta a noventa segundos.)

Lea el versículo 52: «*Jesús le dijo: Vete, tu fe te ha salvado. Al instante recobró la vista, y seguía a Jesús por el camino*». *¿Qué necesita hacer para recibir lo que Jesús le quiere dar? ¿Qué necesita a fin de seguirle por el camino?* (Una pausa de cuarenta y cinco segundos.)

- Termine el tiempo leyendo la siguiente oración de Richard de Chichester (1197–1253):

    Gracias, Señor Jesucristo, por todos los beneficios que has obtenido para nosotros, por todos los dolores e insultos que has aguantado por nosotros. Misericordioso Redentor, Amigo y Hermano, que te conozcamos más claramente, te amemos más profundamente, y te sigamos más de cerca día a día. Amén.

- Dé a los miembros del grupo algunos minutos más para reflexionar en sus diarios sobre esta experiencia y sus descubrimientos. Pídales que piensen sobre lo que descubrieron sobre sus impedimentos para orar y su disposición para recibir la vida que Jesús quiere darles.

- Pida al grupo que se reúna en grupos de tres y tomen turnos para compartir sus descubrimientos.

Presente la oración interior (15 minutos).

- Instruya a los participantes a ir a la página 332 en el Libro del Participante y que encuentren la sección «Desarrolle su oración del corazón».

- Explique que la oración del corazón es una forma antigua de practicar la presencia de Dios, cultivando una postura de constante vigilancia y disponibilidad a Dios.

- Explique brevemente cómo desarrollar una oración del corazón. Si usted está familiarizado con la oración interior, comparta su experiencia.

- Pida que cada uno trabaje solo por unos minutos desarrollando su oración del corazón, siguiendo la guía del material del Libro del Participante. Conteste preguntas y ofrezca dirección conforme se la pidan.

- Invite a todos a orar su oración del corazón en silencio por tres minutos.

CLAUSURA (10 MINUTOS)

Dirija al grupo en un período de oración silenciosa.

- Invite a los participantes a que se junten en parejas. Pídales compartir su oración del corazón uno con el otro, con una breve explicación de la oración si así lo prefieren.

- Luego pida que las parejas se tomen de las manos y oren uno por el otro, repitiendo en silencio las palabras de la oración juntos varias veces para que las puedan retener en la memoria. Luego oren silenciosamente.

- Cuando el cuarto esté completamente en silencio por un momento, termine la oración diciendo «Amén» o empezando suavemente un canto familiar para que el grupo pueda unirse en el canto, podría ser: «El amor de mi Señor», #40.

Anime a los participantes a que practiquen su oración interior a lo largo de la semana. Pídales también que oren diariamente por la persona con la que oraron usando su oración del corazón.

Invite al grupo a responder a la reunión: **¿Qué regalos o desafíos recibió?**

Reciten o canten una bendición.

Parte 3, Semana 3
Oraciones de petición e intercesión

PREPARACIÓN

Prepárese espiritualmente. Lea el material para la Semana 3 Parte 3, haga todos los ejercicios, y mantenga su diario igual que los participantes. Ore pidiendo que Dios le prepare a usted y a cada uno de los participantes para recibir el mayor beneficio de la reunión de grupo.

Prepare los materiales y el lugar. Seleccione los cantos y reúna los himnarios. Arregle el cuarto, asegurándose de que haya suficiente espacio para todos los subgrupos de cuatro que se formarán más tarde en la reunión. Ponga las sillas en un círculo con una mesa de centro y una vela.

Revise el propósito de la reunión. Que los participantes profundicen en su entendimiento de la oración de intercesión y se involucren en la oración intercesora de sanidad orando unos por otros.

APERTURA (10 MINUTOS)

Dé la bienvenida a todos los participantes personalmente conforme vayan llegando.

Establezca el contexto.

Esta reunión es la tercera de seis sesiones sobre la naturaleza y la práctica de la oración. Al profundizar en nuestra vida de oración, llegamos a estar más plenamente unidos al corazón de Cristo. Esta semana estaremos expandiendo nuestro entendimiento y práctica de la oración intercesora. La intercesión es una forma maravillosa de unir nuestros corazones y voluntad a Jesucristo, el gran Intercesor.

Únanse en adoración.

- Encienda una vela para representar la presencia de Cristo en medio nuestro, e invite a una reflexión silenciosa en la verdad escrita en Hebreos 7:25: «*Por eso puede también salvar perpetuamente a los que por él se acercan a Dios, viviendo siempre para interceder por ellos»*. Haga una pausa, y luego repita esta frase. Invite a los participantes a visualizar a Cristo intercediendo por ellos personalmente en alguna manera.

- Después de un minuto de silencio, invite a los participantes a decir nombres de personas por quienes ellos han estado orando esta semana. Permita que todos/as compartan a la vez (no en secuencia), de modo tal que se pueda oír el sonido de muchas voces y nombres. Luego anímeles a «ver» a Jesús oyendo y recibiendo todas estas oraciones y presentándolas a Dios a través de su pura misericordia y amor.

- Entonen un canto de gratitud o seguridad. Podría ser: «Nunca desmayes», #260 o «¿Cómo podré estar triste?», #241.

INTERCAMBIO DE IDEAS (45 MINUTOS)

Pida a los miembros del grupo que identifiquen dónde han experimentado la presencia de Dios en sus vidas durante la semana que pasó.

Invitación a compartir sobre los ejercicios diarios.

- Dé a los participantes un momento para mirar en sus diarios e identificar aquello que les habló más profundamente.

- Anímeles a que escuchen: Practiquen escuchar a Dios en las reflexiones e historias de cada persona.

- Como líder, ponga la pauta ofreciendo su respuesta primero (muy brevemente) o invite a cualquier participante que desee hacerlo que empiece por compartir sus reflexiones.

- Después que cada persona haya compartido, invite al grupo a que identifiquen cualquier patrón o temas que hayan surgido durante el momento de compartir.

RECESO (10 MINUTOS)

EXPLORACIÓN PROFUNDA (45 MINUTOS)

Establezca el contexto para una experiencia de oración intercesora guiada, basada en Marcos 2:1-12 (10 minutos).

- Lea Marcos 2:1-12 en voz alta. Invite al grupo a que se enfoque en los versículos 1-5.

- Invite al grupo a discutir brevemente alguna de las conexiones entre este relato y la naturaleza de la oración intercesora. Evite una discusión larga, que provoque una discusión bíblica detallada de cada aspecto del relato. Permanezca enfocado en cómo este pasaje establece un contexto para la oración intercesora. Algunas ideas incluyen lo siguiente:

a) Algunas veces no tenemos fe nosotros mismos; necesitamos que otros tengan fe por nosotros. En la sanidad del paralítico, Jesús honra la fe y el amor de los cuatro amigos del paralítico.

b) La función de los cuatro no era curar a su amigo, sino cuidarlo y llevarlo a la presencia sanadora de Jesús. Ese es nuestro papel en el ministerio y en la oración de intercesión.

c) El cuidado de los cuatro se hizo evidente en su disposición de desvivirse por ayudar a su amigo y de perseverar en amor por él. Amor (no nuestro diagnóstico o instrucciones a Dios) es el contenido de la oración por otros. Unimos nuestros espíritus con Cristo para ser los medios por los cuales Dios ame al mundo.

d) Hay factores en y entre nosotros (la multitud, los cínicos, el techo) que alejan a la gente de Dios, que obstruyen el amor y la intercesión, por eso la oración requiere un amor que persevere.

Dirija al grupo en una oración de intercesión guiada por imágenes del relato (20 minutos).

- Pida a cada participante que encuentre un lugar cómodo para sentarse o recostarse, para entrar en actitud de oración.

- Reconozca que Dios está con nosotros/as y que nos invita a ofrecernos a otros como vasos de la presencia de Dios.

- Asegure a los participantes que está bien si prefieren seguir sus propias formas de reflexionar, en caso de que tengan dificultad visualizando lo que se les sugiere.

- Después de otro momento de silencio, dirija la oración con indicaciones como ésta:

«Imagine que usted es uno de los cuatro que va llevando una esquina de la camilla. Ahora mire a quién ha puesto Dios en la camilla para que usted ayude cargándole. ¿A quién le está llamando Dios a cuidar, a ayudar y llevar ante la presencia de Dios hoy? Tome un momento para ver a la persona y recibirla en amor». *(Pausa de treinta segundos.)*

«Imagínese llevando a su amigo/a hacia Jesús. ¿En qué maneras siente que el camino de su amigo/a está obstruido? ¿En qué manera usted se siente frustrado/a en su esfuerzo de cuidar a esta persona? ¿Quién o qué se interpone en el camino?» (*Pausa de treinta segundos*)

«Ahora imagínese perseverando en su intento de cuidar a su amigo/a y traerle a la presencia de Jesús. Haga un hueco en el techo que separa a su amigo/a y a usted de Jesús y de la sanidad que su amigo/a necesita. ¿Hay muchas capas? ¿Cuáles son?» (*Pausa de treinta segundos*)

«Baje a su amigo/a a la presencia de Jesús. Vigile y vea cómo Jesús recibe a su amigo/a, ¿qué hace y qué dice? Vea a su amigo/a siendo restaurado/a en su totalidad en el resplandor de su divino amor». (*Pausa de un minuto*)

«Libere a su amigo/a al cuidado de Dios. Dé gracias a Dios. Regrese a su casa». (*Pausa de un minuto y diga «Amén»*)

- Dé a los miembros del grupo unos minutos más de silencio para reflexionar en sus oraciones y para escribir en sus diarios.

- Pida a los participantes volverse a una persona para compartir algo de lo que han recibido o algo que les haya causado problema.

Invite al grupo a entrar a una segunda experiencia de oración: oración silenciosa de sanidad de unos por otros (15 minutos).

- Establezca el contexto: **Estamos acostumbrados a orar unos por otros con muchas palabras, pero las palabras nos pueden estorbar así como nos pueden ayudar en el fluir del amor de Dios. Quizá le gustaría ser la persona que estaba en la camilla, llevado por sus amigos a Jesús. Ahora tendrá esa oportunidad, si así lo desea.**

- Forme grupos de cuatro o cinco. Guíelos de la manera más sencilla posible.

- Que se sienten en círculo con una silla vacía al medio.

- Según la persona desee estar en «la camilla» y ser llevada a la presencia restauradora de Jesús, él o ella deberá sentarse en el centro en la silla vacía. La persona podrá expresar una necesidad en voz alta, si lo desea, pero no tiene que hacerlo.

- Los miembros del grupo se pondrán de pie y en silencio colocarán sus manos en la cabeza y hombros y llevarán a la persona a la presencia de Jesús en la oración de sus corazones. Las oraciones no se hacen en voz alta.

- Después de unos minutos, la persona del centro señala que está lista para pararse, y todos retornarán a sus asientos. Este patrón continuará hasta que cada persona que lo desee haya tenido la oportunidad de presentarse para ser llevado en oración.

- Enfatice al inicio que se puede participar sin tener que sentarse en la silla para pedir oración.

CLAUSURA (10 MINUTOS)

*Canten en voz baja un him*no de confianza, paz, o sanidad. (Vea la lista de sugerencias para la «Apertura».)

Invite a reflexionar brevemente en o responder a la experiencia de haber orado por alguien, y haber orado unos por otros en los grupos pequeños.

Invite a dar gracias y celebrar las maneras en que el grupo ha experimentado la presencia de Cristo.

Canten o reciten una bendición.

Parte 3, Semana 4
Orar tal como somos

PREPARACIÓN

Prepárese espiritualmente. Lea el material para la Semana 4 Parte 3, haga todos los ejercicios, y mantenga un diario igual que los otros participantes. Pase tiempo en oración buscando la dirección de Dios para la reunión del grupo, y ore por cada participante.

Prepare los materiales y equipo. Si escoge la opción 1, reúna revistas y libros de donde pueda sacar un buen número de figuras o arte que represente a la gente y situaciones humanas para que cada miembro del grupo seleccione una, incluyéndose usted. Si toma la opción 2, asegúrese que los miembros del grupo entiendan la necesidad de tiempo adicional. Escoja los cantos y asegúrese que tienen los himnarios. Ponga las sillas en un círculo con una mesa al centro y una vela.

Revise el propósito de la reunión. Que los participantes celebren su libertad para orar como ellos y ellas prefieran, y que aprendan a combinar oración y acción.

APERTURA (10 MINUTOS)

Dé la bienvenida a todos los participantes personalmente conforme vayan llegando.

Establezca el contexto.

Esta reunión es la cuarta de seis sesiones para aprender a profundizar en nuestra oración y, al hacerlo así, entrar al corazón de Cristo. El tema de esta reunión es celebrar la manera en la que oramos y orar en medio de la acción.

Únanse en adoración.

- Encienda la vela para representar la presencia de Cristo en medio nuestro mientras oramos.

- Canten un himno que celebre nuestras diferencias y nuestra unidad en Cristo, podría ser: «Unidos», #348.

- Ore por el grupo, o pida a cada miembro del grupo que digan una oración corta en voz alta e indique que usted concluirá el tiempo de oración.

INTERCAMBIO DE IDEAS (45 MINUTOS)

Pida a los miembros del grupo que identifiquen dónde han experimentado la presencia de Dios en sus vidas durante la semana que pasó.

Invitación a compartir sobre los ejercicios diarios.

- Pida a los miembros del grupo que seleccionen un ejercicio para que compartan de sus diarios. También pídales que compartan sobre los tipos espirituales con los cuales se identificaron.

- Dé un tiempo al grupo para que revisen sus diarios.

- Anímeles a escuchar: Practiquen escuchar a Dios en las reflexiones e historia de cada persona.

- Como líder, dé ejemplo ofreciendo su respuesta primero (muy brevemente) o invite a cualquier participante que lo desee, a empezar el tiempo de compartir.

- Después que todos hayan compartido, invite al grupo a identificar cualquier patrón o temas que hayan surgido.

RECESO (10 MINUTOS)

EXPLORACIÓN PROFUNDA (45 MINUTOS, OPCIÓN 1; 65 MINUTOS, OPCIÓN 2)

Dirija una breve discusión sobre los nuevos descubrimientos de los tipos espirituales descritos en la lectura para esta semana (5 minutos). Omitir este tópico si el tiempo previo de compartir generó suficiente discusión.

- Celebre cualquier descubrimiento o idea que la gente tenga sobre sus estilos únicos de oración.

- El mensaje de la lectura de esta semana se puede resumir así: ore como pueda, no como piensa que tiene que hacerlo.

- Explique, si es necesario, que podemos caracterizar los cuatro tipos espirituales como cabeza, corazón, místico y activo. Ellos representan los estilos diferentes de relacionarse con Dios en oración. Nosotros presentamos estos tipos no para encasillarnos y ponernos en categorías, sino para celebrar la manera en la que nos relacionamos con Dios más libre y auténticamente. Explorando estos cuatro tipos, podremos también descubrir nuevas maneras en las que Dios está buscando comunicarse y hacer comunidad con nosotros.

Establezca el contexto para un ejercicio de explorar la oración como una respuesta a Dios en medio de nuestra vida (5 minutos).

- **Profundizar en nuestra vida de oración significa aprender a vivir constantemente en oración, trabajar en adoración y caminar en la voluntad de Dios donde sea que estemos. Esta actividad es un ejercicio en el tipo 4 de oración—practicar apertura de mente y corazón hacia Dios en todo tiempo y entre toda la gente.**

- Hay dos opciones para este ejercicio en particular. Seleccione la que le parezca mejor para su grupo.

- Prepárense cantando o recitando las palabras del himno «Oh, deja que el Señor», #190 o «Puedo oír tu voz llamando», #194. Sugiera que cada uno se apropie una palabra o frase como oración del corazón.

Opción 1

Dirija al grupo en un ejercicio de oración activa: viendo y respondiendo a Dios en la vida humana (20 minutos).

- Ponga sobre la mesa una cantidad de dibujos, fotografías, o pinturas (de revistas, libros de arte, etc.) de gente real y situaciones que comunican sentimientos humanos y una variedad de condiciones humanas. Coloque estas fotos o pinturas hacia abajo.

- Invite a los miembros a seleccionar un recorte al azar y aceptarlo como su foco para una reflexión en oración y para escuchar a Dios.

- Pídale a los miembros del grupo que tomen un tiempo mirando fijamente sus recortes y luego reflexionen en sus diarios sobre las siguientes preguntas. Escriba las preguntas en la pizarra o haga copias para cada persona.

¿Qué veo, oigo y siento? ¿Cuál es el relato humano detrás de este cuadro? (*Encuentro con la vida.*)

¿Qué pasaje de la Escritura le viene a la mente, y cuál es la conexión? (*Reflexione en la vida a la luz de la Palabra.*)

¿Qué es lo que Cristo ve, oye, siente y quiere hacer? Escriba una conversación con Cristo sobre esta figura y lo que representa para los dos (*Discernir la presencia de Cristo.*).

¿Qué está Cristo diciéndome a mí (y a nosotros) a través de esta experiencia? (*Responder al llamado de Dios.*)

Reúna al grupo para compartir (15 minutos).

- Invite a que todos/as compartan sus respuestas a este ejercicio: las imágenes y los sentimientos/historias que evocaron, la Escritura y las conversaciones con Cristo.

- Después que todos hayan compartido, pregunte: **¿Qué es lo que Dios nos está diciendo a través de esta experiencia?**

- Pida a los participantes que permanezcan en silencio durante cinco minutos, simplemente escuchando el llamado de Dios. **¿Cómo está Dios hablándole a través de esta experiencia? ¿Interrogándole, bendiciéndole, desafiándole?** Escriba sus impresiones en su diario. Luego invite a que el grupo conteste las preguntas.

Opción 2

Dirija al grupo en una experiencia de oración en acción (40 minutos).

- Planifique por adelantado que el grupo se involucre con personas en una actividad de ministerio o alcance, y que experimente la oración en el contexto de ese marco específico. Las posibilidades pueden incluir hacer los arreglos para que el grupo visite un asilo de ancianos cercano o un refugio para personas sin hogar; ayudar con los niños en el salón de cuna de la iglesia o con la guardería; hacer algunas llamadas telefónicas a algunas personas que no pueden salir de sus casas; o caminar en una calle transitada; usar el transporte público. Donde sea posible, pídale a los miembros del grupo que se relacionen con las personas con las que se encuentran. Usted quizá sepa de muchas otras posibles actividades de ministerio o alcance.

- Si selecciona esta opción, el grupo necesitará extender el período de tiempo de la reunión. Un horario podría ser este: viaje hacia el lugar (10 minutos), pase tiempo con la gente (20 minutos), regrese al lugar de reunión (10 minutos). El grupo podría encontrar un lugar para reflexionar y orar en el mismo lugar del ministerio y así se evitaría regresar al lugar de reunión.

- Involúcrese en la actividad del ministerio.

Reúna al grupo para reflexionar y orar (15 minutos).

- Dirija al grupo en una conversación que invite a la reflexión personal y de grupo en su experiencia. Use las siguientes preguntas. Puede escribir las preguntas en una pizarra o rotafolios, o escribirlas en la pizarra después de haberlas compartido con el grupo. Haga una pausa después de cada pregunta para permitir reflexión a solas y quizá también tiempo para que escriban en sus diarios antes de que los participantes hablen. Después de que el grupo haya tenido un momento para absorber las preguntas, pida a los miembros del grupo que compartan sus respuestas en voz alta. Después de la pregunta final, dé al grupo un poco más de tiempo para escuchar en oración la voz de Cristo antes de compartir sus respuestas.

¿Qué ve, oye y siente? ¿Cuál es la historia humana que vio y oyó? (*Encuentro con la vida.*)

¿Qué pasajes de la Escritura le vinieron a la mente y cuál es la conexión para usted? (*Reflexione en la vida a la luz de la Palabra.*)

¿Dónde estaba Cristo? ¿Qué vio Cristo, oyó, sintió y quiere hacer? ¿Dónde le habría gustado detenerse y tener una conversación con Cristo? (*Discernir la presencia de Cristo.*)

¿Qué está diciéndole Cristo a usted (y a nosotros) a través de esta experiencia? ¿Cómo estaba Cristo cuestionándole, bendiciéndole, desafiándole a usted/nosotros? (*Responder al llamado de Dios*)

Clausura (10 minutos)

Canten juntos una o dos estrofas de «Que mi vida entera esté», #227 o «Amarte sólo a ti, Señor», #229.

Compartir. Dé a cada participante la oportunidad de expresar brevemente el sentido del llamado de Dios que recibió en esta experiencia y la respuesta del corazón a ese llamado.

Orar. Invite a los miembros del grupo a ofrecerse a Dios en una oración silenciosa o en voz alta en agradecida respuesta al llamado que oyeron. También invite a que se hagan oraciones por la gente que el grupo encontró o personas cuyas necesidades fueron representadas en los cuadros usados en el ejercicio.

Canten o reciten una bendición.

Parte 3, Semana 5
Salmos, el libro de oración de la Biblia

PREPARACIÓN

Prepárese espiritualmente. Lea el material para la Semana 5 Parte 3, haga todos los ejercicios, y mantenga su diario al igual que los otros participantes. Pase tiempo en oración pidiendo por su próxima reunión de grupo y por las formas en que los miembros de su grupo están creciendo en su relación con Dios.

Prepare los materiales y el lugar. Asegúrese que tiene himnarios para acompañar los cantos que seleccione para la «Apertura» y «Clausura». Arregle el cuarto con una mesa en el centro y una vela.

Revise el propósito de la reunión. Que los participantes crezcan en su apreciación por el uso de los Salmos en oración como individuos y en grupos.

APERTURA (10 MINUTOS)

Dé la bienvenida a todos los participantes por nombre conforme vayan llegando.

Establezca el contexto.

Esta reunión es la quinta de seis sesiones para entrar más profundamente en el corazón de Cristo a través de la oración. Esta semana ampliaremos nuestra exploración de la oración con los salmos.

Únanse en adoración.

- **Encendemos una vela para recordar que Cristo está en medio nuestro mientras nos unimos en oración.**

- Lea el Salmo 133 en grupo de la siguiente manera: pida a cada persona que lea un versículo o una línea completa, en secuencia alrededor del círculo. Si es necesario, lea dos veces, continuando alrededor del círculo para que la voz de todos se oiga. Luego lean el salmo juntos al unísono. Haga esto a un paso tranquilo, con pausas para que tengan una calidad meditativa. Invite al grupo a sentir la riqueza de bendición que transmite este salmo. (Vea en la RVR95, la traducción del Salmo 133 y cómo está dividido en versículos.)

- Canten «Sagrado es el amor», #347; «¡Miren que bueno!», #278; o «Mirad cuán bueno», #272.

INTERCAMBIO DE IDEAS (45 MINUTOS)

Pida a los miembros del grupo que identifiquen dónde han experimentado la presencia de Dios en sus vidas durante la semana que pasó.

Invitación a compartir sobre los ejercicios diarios. Los salmos tocan muchas emociones fuertes. Prepárese para escuchar una variedad de reacciones y respuestas a los ejercicios diarios.

- Pida a los miembros del grupo que identifiquen qué salmo o porción de un salmo (de los ejercicios diarios) refleja mejor donde están en sus vidas y fe.

- Anime a los miembros a compartir algo de sus diarios sobre el ejercicio de un salmo que haya tocado sus vidas o su creatividad profundamente.

- Anímeles para que escuchen: Practiquen escuchar a Dios en las reflexiones e historias de cada persona.

- Como líder, dé el ejemplo ofreciendo su respuesta primero (muy brevemente) o invite a cualquier participante que desee hacerlo, para que empiece el tiempo de compartir.

- Después de que cada uno haya compartido, invite al grupo a identificar cualquier patrón o temas que hayan surgido.

RECESO (10 MINUTOS)

EXPLORACIÓN PROFUNDA (45 MINUTOS)

Invite a los miembros a sentarse en grupos de tres y mencionar su salmo favorito o un salmo que le esté hablando más profundamente en estos tiempos, y por qué (10 minutos).

Dirija al grupo a través de una experiencia de reflexión y oración guiada con el Salmo 23 (total 40 minutos).

- Establezca el contexto: **Los salmos expresan una oración colectiva al igual que una oración personal. Nos pueden guiar a orar en comunión con el pueblo de Dios en todos los tiempos que han orado los mismos salmos. Los salmos nos muestran una expresión honesta de nosotros mismos en oración a Dios. Nos vamos a preparar para orar con el Salmo 23, reflexionando en una forma poco común sobre su significado— a través de una paráfrasis contraria o inversa.** (2 minutos)

- Invite a cada participante a escribir una paráfrasis contraria al Salmo 23. Explique que paráfrasis inversa es escribir líneas que representen lo opuesto de lo que cada versículo o estrofa significa para usted. Por ejemplo, una persona puede invertir «El Señor es mi pastor» para decir, «No tengo Dios que me guíe» o «No hay Dios». El valor estriba en ayudarnos a descubrir el poder real de las palabras familiares en una forma nueva. Recuerde a cada persona que este no es un concurso literario. No hay forma correcta o equivocada de hacerlo, sólo es una expresión personal. (10 minutos)

- Compartan la paráfrasis opuesta. Pida a cada participante que regresen al círculo, si así lo desean, para compartir su paráfrasis del Salmo 23. Después de cada presentación, pueden decir todos juntos: *«El Señor es mi Pastor, nada me faltará».* Esté preparado para la desesperanza que puede comunicarse a través de una paráfrasis inversa de este salmo. Pregunte a los participantes si conocen o pueden imaginarse a una persona que se siente de esta forma y que experimenta la vida *«sin esperanza y sin Dios en el mundo»* (Efesios 2:12). (15 minutos)

- Ahora invite de nuevo al grupo a escuchar la gracia en el Salmo 23 y dejar que las palabras del salmo guíen al grupo en un período de oración. Explique que dejaremos que el salmo guíe nuestro tiempo de oración, versículo por versículo. Después de cada versículo, cualquiera puede expresar oraciones a Dios con frases positivas del versículo, peticiones e intercesiones, o cualquier otra respuesta personal que el versículo le evoque. Por ejemplo, Salmo 23:1 puede inspirar: «Oh Dios, tú eres mi pastor y guía», «Dios, tú me has pastoreado aun sin yo saberlo; Te he ignorado la mayor parte de mi vida», o «Pastor de almas, encuentra y guía a mi hermana». O el Espíritu puede mover a alguien a cantar una alabanza a Dios. Empiece con un momento de oración silenciosa, luego lea el Salmo 23 versículo por versículo. Dé suficiente tiempo para que las personas se empapen del significado del versículo y den sus respuestas. (10 minutos)

• Concluya el tiempo de oración leyendo todos/as al unísono el Salmo 23. (3 minutos)

Clausura (10 minutos)

Tome un momento para reflexionar en la experiencia.

Canten a manera de bendición «El amor de mi Señor», #40 (o cualquier himno o coro basado en el Salmo 23).

Discutan la próxima reunión (Semana 6 de la Parte 3). Si desea cerrar la reunión de la Semana 6 con la Cena del Señor, verifique con los miembros del grupo para ver si podrían quedarse 15 minutos adicionales. También pregunte a su pastor o a cualquier otro ministro si puede unirse al grupo para dirigir un servicio breve de Comunión.

Notas del líder

Salmo 133 para ser leído en secuencia (RVR95)

> *¡Mirad cuán bueno y cuán delicioso es*
> *   que habiten los hermanos juntos en armonía!*
> *Es como el buen óleo sobre la cabeza,*
> *   el cual desciende sobre la barba,*
> *la barba de Aarón,*
> *   y baja hasta el borde de sus vestiduras;*
> *como el rocío del Hermón,*
> *   que desciende sobre los montes de Sión,*
> *porque allí envía Jehová bendición*
> *   y vida eterna.*

Parte 3, Semana 6
Experiencia con la oración contemplativa

PREPARACIÓN

Prepárese espiritualmente. Lea el material para la Semana 6 de la Parte 3, haga todos los ejercicios, y mantenga su diario al igual que los participantes. Pase tiempo en oración pidiendo por apertura a la presencia de Dios y la guía del Espíritu en su tiempo de reunión.

Prepare los materiales y el lugar. Tenga lista la plastilina (o barro para modelar) y materiales de arte para el proceso de clausura. Asegúrese de tener una mesa en el centro suficientemente grande para acomodar las ofrendas creativas. Seleccione canciones y tenga los himnarios necesarios u hojas de coros. Consiga una pequeña campana o cascabel o un aparato de sonido y una selección de música para meditar, para llamar a los participantes a un momento de soledad. Arregle el cuarto con una mesa en el centro y una vela. Haga copias del material de la página 123 para las personas que quieran usar la guía de reflexión. Asegúrese de tener los elementos para la Comunión en caso de que desee terminar la sesión con la Santa Cena.

Revise el propósito de la reunión: que los participantes adquieran un entendimiento profundo de lo que es la oración contemplativa y lleguen a estar conscientes de la calidad de su receptividad hacia Dios.

APERTURA (10 MINUTOS)

Dé la bienvenida a todos los participantes personalmente conforme vayan llegando.

Establezca el contexto.

Esta reunión es la última de seis sesiones sobre el tema de profundizar en nuestra oración, que nos lleva más plenamente al corazón de Cristo. En esta reunión continuaremos explorando la práctica de la oración contemplativa, un aspecto de la oración que ha recibido poca atención en muchas iglesias.

Únanse en adoración.

- Encienda una vela para representar a Cristo en medio nuestro mientras estamos juntos en oración. Recuerde que la luz interior de gracia nos capacita para «ver a Dios», que es una forma de entender la contemplación.

- Canten un himno o coro que exprese visiones espirituales, puede ser «Abre mis ojos a la luz», #184; «Oh, Dios sé mi visión», #240; o «Sublime Gracia», #203.

- Dirija una oración de apertura, o invite a los participantes a que ofrezcan oraciones cortas de receptividad y alabanza.

INTERCAMBIO DE IDEAS (45 MINUTOS)

Pida a los miembros del grupo que identifiquen dónde han experimentado la presencia de Dios en sus vidas durante la semana pasada.

Invitación a compartir sobre los ejercicios diarios.

- Pida a los miembros del grupo que describan sus experiencias con los ejercicios diarios, dónde les fue bien, dónde encontraron problemas, y de qué ideas se beneficiaron.

- Luego enfóquese en el Ejercicio 5, basado en el relato de Marta y María, y dé a cada persona la oportunidad de compartir su experiencia, después de haber dado primero su propia respuesta.

- Anímeles a escuchar: Practiquen escuchar a Dios en las reflexiones e historias de cada persona.

- Como líder, sirva de ejemplo dando su respuesta primero (muy brevemente) o invite a cualquier participante que así lo desee, para que inicie compartiendo.

- Después que cada persona ha compartido, invite al grupo a identificar cualquier patrón o temas que hayan surgido.

RECESO (10 MINUTOS)

EXPLORACIÓN PROFUNDA (45 MINUTOS)

Presente el tema de explorar la oración contemplativa (5 minutos).

- Empiece por cantar en actitud de oración, varias veces «Dulce Espíritu», #186 o «Oh, deja que el Señor», #190. Después de cantar continúe con unos momentos de receptividad silenciosa en la presencia consumidora y moldeadora de Dios.

- Explique que este canto transmite el espíritu de la oración contemplativa. Como su lectura semanal lo señala, la oración contemplativa no es el cantar, el silencio, un método misterioso de orar, o una experiencia especial. La oración contemplativa es una receptividad intensa hacia la actividad de Dios, cuyo amor promete purificarnos y transformarnos a la semejanza de Jesucristo.

- La lectura en el Libro del Participante señala:

«Todos los cristianos están llamados a la contemplación».

«En la verdadera oración contemplativa, uno permanece en el misterio, abierto a ser tomado por Dios en amor a lo largo de un camino que uno no puede conocer».

Establezca el contexto para un ejercicio de oración solitaria con Lucas 1:26-38 (5 minutos). Una de las descripciones más excelentes del espíritu de la oración contemplativa en el Nuevo Testamento—de máxima receptividad a Dios—se encuentra en el relato de la visita del ángel a la joven María a quien Dios escogió para que diera a luz a Jesús. En el relato vemos lo siguiente, y usted quizá quiera presentar estos puntos en sus propias palabras:

- En el Evangelio de Lucas, la vida de Cristo en el mundo empieza cuando María resuelve decir: «*Aquí está la sierva del Señor; hágase conmigo conforme a tu palabra*».

- Estas palabras unen a María con Moisés (Éxodo 3:4), Isaías (6:8), Ananías (Hechos 9:10), y otros, poniéndose a sí misma por completo a la disposición de Dios en receptividad y amor.

- María tenía dudas naturales; ella no conocía lo que le esperaba. Pero en fe, se aventura y confía en Dios. Se da a Dios y a la promesa de la presencia de Dios en ella—la promesa de Jesús.

Empiece el tiempo de oración solitaria (20 minutos). Dé instrucciones como:

- **Durante los próximos minutos, únase a María al entrar en plena receptividad hacia Dios. Deje que la respuesta de María (o una porción de ella) sea su oración interior: «*Aquí está la sierva del Señor, hágase conmigo conforme a tu palabra*».**

- **Encuentre un lugar donde pueda hacerse presente a Dios sin interrupción.**

- **Regrese cuando oiga la señal de que es tiempo para reunirse** (puede ser el sonido de una música o el sonar de una campana)

Reúna al grupo para reflexión individual y expresión creativa (15 minutos).

- Invite a los miembros del grupo a usar los próximos 15 minutos para moldear una representación de lo que ellos sienten es la promesa de la presencia de Dios en ellos y como se sienten de recibirla. Use palabras, plastilina o cualquier otra forma de arte. Si alguien quiere simplemente reflexionar, puede usar el material de la página 123.

- Tenga disponible la hoja para reflexionar y otros materiales.

- Después de 15 minutos, pida a las personas que traigan lo que han creado al culto de clausura.

Clausura (10 minutos o 25 minutos con Santa Cena)

Dirija al grupo en el canto «Heme aquí», #289 o «En momentos así», #61.

Invite a cada persona a que comparta su expresión creativa o reflexión y lo que significa. Después de cada tiempo de compartir, celebre la ofrenda de la persona diciendo como grupo: «¡Salve, (nombre); el Señor está contigo!»

Invite a cada persona a poner lo que hizo o escribió en el centro de la mesa como una ofrenda a Dios.

Concluyan cantando una doxología o cualquier otra expresión familiar de alabanza y gratitud a Dios, o con un simple servicio de Comunión, haciendo de las expresiones creativas una ofrenda.

Hoja de reflexión para después del ejercicio de oración solitaria
BASADO EN LUCAS 1:26-38

«¡Salve muy favorecida! El Señor es contigo... Concebirás en tu vientre y darás a luz un hijo, y llamarás su nombre Jesús». ¿Cómo nota la presencia de Dios en usted? ¿Cuál siente usted que es la promesa o exhortación en la presencia de Dios?

«Pero ella, cuando lo vio, se turbó...y pensaba qué salutación sería esta...¿Cómo será esto?, pues no conozco varón». ¿Qué dudas, miedos, preguntas le impiden estar plenamente receptivo a la presencia y promesa de Dios?

¿Qué promesa necesita?

«Aquí está la sierva del Señor; hágase conmigo conforme a tu palabra». Cuando usted dice: «Aquí estoy», ¿a qué está diciendo sí o qué está aceptando? ¿A qué está diciendo no, o qué está dejando?

¿Qué necesita a fin de vivir su «Aquí estoy» y darse usted mismo/a en gozo a la promesa de Cristo en usted?

Parte 4

Responder al llamado:
La obra de Cristo

Notas introductorias del líder para la Parte 4

La Parte 4 representa la vocación como un camino de formación espiritual en la obra de Cristo. Usted tiene el privilegio de guiar un proceso que ayudará a la gente a identificar el llamado de Dios y los dones para el ministerio en sus vidas.

Los líderes de los grupos de prueba notaron que la Parte 4 requirió más tiempo de preparación que las partes anteriores. Ponga atención al flujo de las cinco sesiones y a las varias experiencias de descubrimiento que usted estará facilitando en el tiempo de «Exploración profunda» y «Clausura».

Revise la sección llamada «Preparación» en la primera página de las cinco semanas en la Parte 4 de la Guía del Líder para cualquier cosa que pueda requerir planeación por adelantado. Por ejemplo, la Semana 2 necesita más materiales de lo usual—plastilina o arcilla, velas, aceite para ungir, y música de meditación. En la Semana 3 necesitará lavamanos y toallas. Además de la preparación para la reunión semanal, los Ejercicios diarios en la Semana 4 requerirán que usted, junto con todo el grupo, escriban una «tarjeta de regalo» para cada miembro del grupo.

Anticipe la necesidad de planear una sesión adicional para completar la Semana 4, especialmente si tiene más de ocho personas en su grupo. El compartir los regalos o dones es uno de los eventos más importantes para muchos de los participantes y no debe acortar o apresurar ese tiempo. Además, tratar de completar el segmento de compartir dones introduciéndolo en la siguiente sesión compromete la Semana 5 y su enfoque en el ministerio común.

Algunos grupos de prueba sintieron que éste era un punto muy importante, el compartir los dones podría haber sido un final apropiado para el curso. Ayude a su grupo para que vea que, si bien la afirmación de dones es una experiencia clarificadora, la tarea de discernir el llamado personal de cada quien y los dones no es un fin en sí mismo y no está completo cuando está fuera de la atención al llamado común y al ministerio del cuerpo de Cristo. Este es el tema de la Semana 5 y las bases para la Parte 5 en la dirección espiritual.

Que Dios sea con usted a medida que guía al grupo a que lleguen a ser compañeros y compañeras en el ministerio.

Parte 4, Semana 1
Disponibilidad radical

PREPARACIÓN

Prepárese espiritualmente. Lea el material para la Semana 1 Parte 4, haga todos los ejercicios, y mantenga su diario al igual que los otros participantes. Ore por cada participante y por la reunión de grupo.

Prepare los materiales y el lugar. Seleccione coros o himnos para esta sesión. Asegúrese que tiene los himnarios. Prepare suficientes copias del material que entregará (página 132) sobre la zarza ardiendo para cada participante. Asegúrese que tiene suficiente espacio para que las tríadas tengan relativa privacidad. Arregle las sillas alrededor de una mesa de centro con una vela.

Revise el propósito de la reunión. Que los participantes perciban la naturaleza del llamado que Dios les hace personalmente y que lleguen a estar más conscientes del carácter de su respuesta.

APERTURA (10 MINUTOS)

Dé la bienvenida a cada participante personalmente conforme vayan llegando.

Establezca el contexto.

Esta es la primera semana de cinco sesiones que nos invita a prestar mejor atención al llamado y reclamo de Dios sobre nuestras vidas, y a las maneras en las cuales estamos o no estamos respondiendo. Esta semana nos enfocamos en el «primer llamado» de Dios, el llamado que daba base a cada expresión particular de la vocación cristiana.

Únanse en adoración.

- Encienda una vela para reconocer la verdadera presencia espiritual de Cristo en medio nuestro, que ilumina y vivifica nuestro sentido de llamado a lo largo de nuestras vidas.

- Lea la siguiente paráfrasis del Gran Mandamiento:

  Ama al Señor tu Dios con toda tu pasión y oración y vigor e inteligencia y... ama a tu prójimo tanto como te amas a ti mismo/a.[1]

Invite a unos momentos de reflexión en silencio sobre cómo, la semana que pasó, los participantes han practicado o experimentado amar a Dios y a su vecino/a con toda su «pasión, oración, vigor e inteligencia».

- Pida a cada persona que comparta la palabra que mejor expresa dónde ella siente que el amor por Dios o por el prójimo es más fuerte ahora: a través de la pasión, oración, vigor o inteligencia.

- Canten un himno o coro que celebre el llamado de Dios y nuestro deseo de seguirle, puede ser: «Tú has venido a la orilla», #195 o «Amarte sólo a ti, Señor», #229.

Intercambio de ideas (45 minutos)

Pida a los miembros del grupo identificar dónde han experimentado la presencia de Dios en sus vidas la semana que pasó.

Invitación a compartir sobre los ejercicios diarios.

- Dé a los participantes un momento para que revisen sus diarios e identifiquen aquello que les habló más profundamente. Puede empezar viendo los Ejercicios 1 y 3.

- Anímeles a escuchar: Practiquen el escuchar a Dios en las reflexiones e historias de cada persona.

- Como líder, ofrezca el modelo compartiendo su respuesta primero (muy brevemente) o invite a cualquier participante que lo desee, a empezar el tiempo de compartir.

- Pida a las personas que compartan sus respuestas de uno o más de los ejercicios diarios.

- Después que cada persona haya compartido, invite al grupo a identificar cualquier patrón o temas que hayan surgido.

Receso (10 minutos)

Exploración profunda (45 minutos)

Presente el tema de aprender la disponibilidad radical ante Dios (2 minutos).

- ¿Dónde está oyendo el llamado de Dios? ¿Qué está oyendo que Dios le llama a ser y a hacer? Eso es en lo que nos queremos enfocar a medida que continuamos esta sesión. El llamado de Dios en la Biblia y en nuestras vidas tiene dos lados.

- Dios nos llama a dar nuestro todo, a ser hijos e hijas de Dios siempre.

- Pero Dios nos llama a hacer eso de maneras particulares aquí y ahora: a tomar una tarea, asumir una responsabilidad, o dedicar nuestras vidas a llenar una necesidad real en el servicio de Cristo. Así es como alineamos nuestras vidas con la voluntad de Dios en el mundo.

- El relato del llamado de Moisés en Éxodo 3–4 ilustra los dos lados del llamado. Escuchar cuidadosamente este relato nos puede ayudar a reenfocarnos en dónde es que estamos oyendo el llamado de Dios para nuestras vidas.

Establezca el contexto para el ejercicio de la zarza ardiente (8 minutos).

- Lea Éxodo 3:1-14 y Éxodo 4:1, 10.

- Pida a los participantes, a medida que usted lee, que pongan atención a las palabras o imágenes que más vívidamente les hablan y luego que las mencionen brevemente. ¿Qué clase de cosas refleja el relato sobre la naturaleza de un llamado o sobre descubrir el llamado personal? (Por ejemplo, un llamado auténtico capta su atención, es persistente a través del tiempo, parece llamarle por nombre, puede parecer imposible, enciende su compasión, requiere dependencia en Dios, transmite la seguridad de Dios, lo llama más allá de usted mismo, etc.)

- Luego haga notar que el relato del llamado de Moisés refleja por lo menos dos movimientos en descubrir nuestro llamado:

Primero, la lectura de la Escritura nos recuerda poner atención a la «zarza ardiente» que alumbra el camino y nos llama a seguir. Hacemos esto al observar a las personas, situaciones y necesidades humanas que nos llaman a volvernos y mirar—que nos dan un atisbo del propósito de Dios, obrando entre nosotros y del propósito por el cual

Dios nos está capacitando para vivir. Las zarzas ardientes pueden estar fuera de nosotros, pero reflejan algo de la presencia, la promesa y el poder de Dios obrando en nosotros/as.

Segundo, tal como Moisés lo hizo, le damos nombre a nuestros temores humanos y reservas respecto a aceptar el llamado de Dios y podemos recibir la seguridad de Dios. Los temores siempre acompañan a la conciencia del llamado de Dios porque Dios nos llama a ir más allá de donde estamos. Pero un sentido de seguridad y capacidad también acompañan a la conciencia genuina del llamado de Dios.

* Entregue el material de reflexión en Éxodo 3–4, e invite a cada participante a pasar quince minutos en reflexión solitaria usando este material.

Permita a los participantes reflexionar a solas en Éxodo 3:1-14; 4:1, 10 (10 minutos).

Escuche en tríadas el llamado de Dios y su seguridad (25 minutos).

* Llame al grupo a que se reúna, luego formen tríadas, y explique el proceso.

* Pida a las personas de cada tríada que tomen turnos compartiendo directamente de sus hojas de reflexión sobre las dos preguntas del ejercicio de la zarza ardiente. Los grupos de tres darán a cada persona ocho minutos para compartir a la vez que las otras dos escuchan y responden apropiadamente.

* A medida que la persona comparte sobre la primera pregunta (zarza ardiente y sentido de llamado), las dos que escuchan pueden hacer preguntas de clarificación interrumpiendo gentil y respetuosamente para preguntar: «¿Qué vio y escuchó?» Cuando la persona termine de compartir, quienes estaban escuchando toman un minuto para reflexionar sobre la esencia de lo que han oído. Mientras la persona comparte la pregunta #2 sobre sus miedos, los que escuchan responden juntos (como el Señor respondió a Moisés) con las palabras: «Dios dice: Yo estaré contigo».

Clausura (10 minutos)

Reúnanse como un solo grupo y terminen la experiencia mencionando brevemente algunas ideas sobre la sesión:

¿Qué vio y escuchó otra vez relacionado con su llamado?

¿Cómo experimentó la promesa de Dios: «Yo estaré contigo»?

Canten un himno o coro de seguridad, puede ser «Sublime Gracia», #203 o «El Señor es mi fuerza», #246.

Termine ofreciendo este salmo como una oración:

> *En el día que temo,*
> *Yo en ti confío.*
> *En Dios, cuya palabra alabo,*
> *en Dios he confiado. No temeré.*
> *¿Qué puede hacerme el hombre?*
> *Esto sé: Dios está a mi favor.*
> *En Dios, cuya palabra alabo,*
> *en Jehová, cuya palabra alabo,*
> *En Dios he confiado. No temeré.*
> *¿Qué puede hacerme el hombre?*
>   (Selección del Salmo 56)

Reflexión a solitaria sobre la zarza ardiente
ÉXODO 3:1-14; 4:1, 10

«Iré ahora para contemplar esta gran visión».

Pase unos minutos apartándose para mirar la «zarza ardiente» en su vida. Recuerde de uno a tres momentos luminosos, ideas penetrantes, preocupaciones persistentes, o encuentros apremiantes con la necesidad humana que continúa hablándole de su llamado en Cristo. ¿Cuál es el tema común que ve o el llamado que oye?

«¿Quién soy yo para que vaya al faraón?»

¿Cuáles son sus temores sobre prestar atención al llamado que oye? En el espacio de abajo, haga una lista de «¿Quién soy yo... ?» sentimientos: reservas, objeciones, sentimientos de insuficiencia, dudas u obstáculos.

Parte 4, Semana 2
Confianza viva

PREPARACIÓN

Prepárese espiritualmente. Lea el material para la Semana 2 Parte 4, haga todos los ejercicios, y mantenga al día su diario al igual que los otros participantes. Ore por cada participante y por su liderazgo, que pueda estar en apertura a la dirección del Espíritu Santo.

Prepare los materiales y el lugar. Seleccione los coros o himnos para esta sesión. Asegúrese de tener los himnarios. Reúna los materiales necesarios para las secciones de «Exploración profunda» y «Clausura»: una pequeña vela votiva para cada persona, fósforos, una caja pequeña de plastilina para cada persona o una buena cantidad de arcilla para modelar, y un plato y aceite para la mesa del culto. Si decide poner música de fondo durante el tiempo en que la gente está modelando la arcilla o plastilina, seleccione un cassete o disco compacto y tenga disponible un equipo de sonido. Arregle las sillas alrededor de la mesa del centro y una vela. Por favor note que el tiempo de «Intercambio de ideas» ha sido reducido a treinta y cinco minutos para permitir un tiempo mayor para la «Exploración profunda» y la «Clausura».

Revise el propósito de la reunión: Que los participantes adquieran un profundo deseo y disposición de vivir confiadamente en Cristo.

APERTURA (10 MINUTOS)

Dé la bienvenida a todos los participantes personalmente conforme vayan llegando.

Establezca el contexto.

Esta es la segunda de cinco sesiones sobre el llamado de Dios y nuestra respuesta. Esta semana nos enfocaremos en el tema de vivir confiadamente, y lo que significa para nosotros/as personalmente y como grupo.

Únanse en adoración.

- Encienda una vela para celebrar la presencia de Cristo, la Vid viviente a quien estamos injertados por medio de nuestro bautismo. Conforme permanecemos en Cristo, tenemos luz para compartir con las demás personas.

- Pida a los participantes que mantengan la imagen de la vid y las ramas que dibujaron para el Ejercicio 1. Coloque tantos dibujos como sea posible sobre o alrededor de la mesa. Tómense de las manos o enlacen los brazos alrededor de la mesa como un símbolo de unión en la vid. Sugiera que el grupo vea la luz de Cristo y medite por un minuto en la imagen de cada persona alrededor del círculo como una rama que está conectada a la vid de Cristo, por lo tanto profundamente conectadas unas con otras.

- Canten una o dos estrofas de un himno o coro celebrando la unidad en Cristo, tal como: «Somos uno en Espíritu», #267; «Una espiga», #319; o «Unidos», #348.

INTERCAMBIO DE IDEAS (35 MINUTOS)

Pida a los miembros del grupo que identifiquen dónde han experimentado la presencia de Dios en sus vidas durante la semana que pasó.

Invitación a compartir sobre los ejercicios diarios.

- Dé a los participantes un momento para que revisen sus diarios e identifiquen aquello que les habló más profundamente. Puede empezar con los Ejercicios 2 y 5. Sea sensible al hecho de que puede ser difícil para algunas personas el hablar de sus debilidades y/o limitaciones. Esté en apertura a la dirección del Espíritu.

- Anímeles para que escuchen: Practiquen escuchar a Dios en las reflexiones personales e historias de cada participante.

- Como líder, sirva de modelo ofreciéndose a compartir su respuesta primero (muy brevemente) o invite a cualquier participante que desee hacerlo, para que empiece a compartir primero.

- Después que cada uno ha compartido, invite al grupo a identificar cualquier patrón o temas que hayan surgido.

Receso (10 minutos)

Exploración profunda (50 minutos)

Presente el tema—Aprender a confiar en la fuerza de Cristo que opera a través de nuestra debilidad (10 minutos).

- La semana pasada, discutimos que responder al llamado de Dios de estar radicalmente disponibles a Dios no es una cosa abstracta o algo que sólo algunas personas especiales pueden hacer. Este llamado conlleva dos dimensiones: estar completamente disponibles («Aquí estoy») y prestar atención a ciertas zarzas ardientes específicas a donde Dios nos puede estar enviando a vivir, amar y servir («Envíame a mí»).

- Las lecturas de esta semana nos recuerdan que la calidad de nuestra respuesta al llamado de Dios puede depender más de cómo Cristo trabaja en y a través de nuestra debilidad que de cuánto podemos hacer por Cristo a través de nuestras fuerzas. Queremos depender de nuestra fuerza de carácter, nuestras habilidades, nuestros talentos, y en otras tantas cosas para hacer el trabajo de Dios. Pero el camino de la cruz nos invita a ver que Dios puede trabajar más poderosamente en y a través de nuestra debilidad.

- A través de una aceptación honesta y de ofrecernos a Dios tal como somos en nuestra debilidad, aprendemos que podemos depender de Cristo para que obre en y a través nuestro. Somos liberados de la ilusión de que tenemos que depender totalmente en nosotros y nuestra fuerza de carácter o habilidades para hacer todo lo que Dios quiere.

- Lea la siguiente selección:

    Nuestra opulenta cultura espera que haya una forma de arreglar casi todo lo que se rompe—cuerpos quebrantados, corazones rotos, propiedades rotas. Es difícil para muchos de nosotros/as ver las quebraduras como parte de la vida.

    Dentro de la tradición nativo/americana de la Rueda de la medicina, la vida se ve como un círculo, como un todo, incorporando el nacimiento y la muerte, el pacífico amanecer y las estruendosas tormentas, totalidad y quebrantamiento. De la dirección norte de la Rueda de la medicina, vienen las tormentas de la vida. Las tormentas son las que nos dan valor, sabiduría y compasión. Nuestras vidas no estarían completas sin las tormentas.

Richard Rohr dice: «El lugar de la herida es el lugar de la sanidad. El lugar de la fractura es el lugar de mayor fuerza». Nuestra fe cristiana afirma esto—que las heridas de Cristo son el lugar donde la sanidad de Dios nos toca.

Quizá la tarea para nosotros hoy día es empezar a ver los dones de nuestros lugares quebrantados. Encontrar las oportunidades para creer en el misterio de la muerte de Cristo, «poner nuestro dedo en la llaga de Cristo, nuestras propias heridas, y las heridas de los demás». (Richard Rohr, *Breathing under Water*, casete).[1]

Dirija una discusión breve sobre 2ª a los Corintios 4:6-12 (10 minutos).

- Lea el pasaje e invite a la gente a visualizar lo que Pablo está diciendo.

- Pida a las personas que compartan lo que entienden sobre el significado de este pasaje. **¿Cuáles son las características y propósito de las vasijas de barro? ¿Qué dicen de nosotros la imagen de las vasijas o vasos de barro? ¿Qué dicen de Dios?**

- Prepárese, si es necesario, para ayudar a la gente a profundizar en su entendimiento de esta imagen. **Pablo nos presente una rica, y hasta humorística imagen de nuestras vidas como vasos de barro que están astillados, imperfectos y debilitados por las dificultades que encontramos en nuestra búsqueda por responder al llamado de Dios. El propósito de los vasos de barro es llevar algo y no ser perfectos por el sólo hecho de serlo. Pablo enfatiza que los vasos de barro son imperfectos y se rompen por los duros golpes de la vida. Su imperfección permite que el extraordinario poder de Dios brille a través de ellos. Porque somos vasos rotos, «la vida de Jesús puede... hacerse visible en nuestros cuerpos».**

Dirija al grupo en una meditación sobre el tesoro en vasos de barro (15 minutos).

- Dé a cada persona una bola de plastilina o arcilla y una vela. Pida al grupo que pasen un tiempo trabajando con la plastilina formando una «vasija o vaso de barro» que represente su vida actual. Incluya en el vaso las quebraduras y fisuras, las imperfecciones y debilidades, impresiones profundas y experiencias que hacen de usted quien es ante Dios.

- Asegure a los miembros del grupo, en el espíritu del pasaje, que no necesitan modelar un vaso perfecto. Lo que Dios quiere es una vasija de barro que permita que la luz de Cristo brille por y a través del vaso. El único requisito es que moldeen el vaso de tal modo que la vela quepa dentro de éste.

- Anímeles a que dejen que el Espíritu les guíe a medida que moldean su vaso, haciendo espacio para Dios en sus corazones con la afirmación en oración, «tenemos este tesoro en vasos de barro...»

- Para este ejercicio puede poner una música suave como trasfondo.

- Concluya este tiempo creativo pidiendo a los participantes que tomen un momento final en silencio para contemplar lo que han creado, lo que refleja sobre sus vidas y la luz interior, y lo que les gustaría compartir sobre su vaso de barro con el resto del grupo.

Reúnanse (15 minutos).

- Invite a los participantes a poner su vaso de barro sobre la mesa, con la vela dentro y ésta encendida.

- Vaya alrededor del círculo invitando a cada persona a compartir su precioso, único e imperfecto vaso de barro. Pida a cada persona que comparta brevemente (1 minuto por persona) sobre las características de sus vasos, aquellas que permiten que la luz brille a través de ellos, o las que bloquean la luz.

- Luego que cada persona haya compartido, dirija al grupo a que digan una afirmación como «¡(*Nombre*), levántate, resplandece, porque ha venido tu luz y la gloria de Jehová ha nacido sobre ti!» (Isaías 60:1). [*Las palabras pueden ser escritas en una pizarra, rotafolios o en tarjetas para cada persona.*]

CLAUSURA (10 MINUTOS)

Invite a que todos se unan alrededor de la mesa del culto con sus vasos de barro y velas en la mano.

- Ponga en la mesa un plato con un poco de aceite.

- Pida que alguien lea nuevamente 2ª a los Corintios 4:6-12.

- Ofrezca esta cita del libro de Henri Nouwen *The Wounded Healer:*

  Una comunidad cristiana es por lo tanto una comunidad sanadora no porque las heridas son curadas y el dolor aliviado, sino porque las heridas y el dolor llegan a ser aperturas u ocasiones para una nueva visión. [2]

- Reconozca que el ejercicio con el pasaje de 2ª a los Corintios puede haber hecho surgir una área de debilidad o una herida que anhela llegar a ser una apertura u ocasión para que la luz de Dios brille a través de ella. Invite a los miembros del grupo a partici-par en un servicio de sanidad donde esas heridas pueden estar disponibles a la gracia redentora de Dios. Señale que en la mesa hay un plato con aceite—un símbolo de la sanidad, ungimiento y poderosa presencia de Cristo.

- Dé a cada uno una oportunidad para identificar un área de necesidad personal com-partiendo en voz alta una sola palabra o frase. A medida que cada persona habla, per-mita que otro miembro del grupo (quien se sienta guiado a hacerlo) se adelante y toque con un dedo el aceite y luego unja la frente de la persona en nombre del cuerpo de Cristo.

- Dirija al grupo, junto con la persona que está ungiendo, a decir una bendición para cada persona que haya mencionado una área que necesita sanidad. Use estas palabras: «Bás-tate mi gracia, porque mi poder se perfecciona en la debilidad» (2ª a los Corintios 12:9). (Esta frase puede escribirse en la pizarra/rotafolio en letras grandes o puede copiarse en tarjetas para que cada persona la tenga.) Aclare que los miembros del grupo tienen permiso para no hablar, si así lo desean.

- Canten «Haz lo que quieras», #213; «Señor, revélate ante mí», #223; o cualquier otro coro apropiado.

Clausura ofreciendo una breve bendición.

Notas del líder

*L*a reunión de la próxima semana incluye un servicio de lavamiento de pies. Si planea usar este material, debe alertar a los miembros del grupo sobre la na-turaleza del servicio, e invite a usar sandalias o zapatos que se remuevan fácil-mente. Diga a las mujeres del grupo que si lo desean, pueden dejarse las medias de nylon puestas para el servicio de lavamiento de pies, ya que se secan rápidamente.

Parte 4, Semana 3
Producir el fruto de la vid

PREPARACIÓN

Prepárese espiritualmente. Lea el material para la Semana 3 de la Parte 4, haga todos los ejercicios, y mantenga su diario al día igual que los participantes. Ore porque Dios le prepare a usted y a cada participante para recibir el mayor beneficio de su reunión de grupo.

Prepare los materiales y el lugar. Seleccione los cantos y reúna los himnarios. Arregle el cuarto, asegurándose de que hay suficientes copias del material que entregará sobre Juan 13:1-17 (páginas 145–46). También tenga preparada una jarra de agua, dos palanganas, y dos toallas para el servicio de lavamiento de pies. Puede poner un casete de música de meditación para esta parte de la sesión. Durante la «Clausura», distribuya una pequeña toalla de mano o un paño a cada persona, así que, compre o reúna el número suficiente para el grupo. Ponga las sillas en un círculo con una mesa al centro y una vela.

Revise el propósito de la reunión: Que los miembros del grupo crezcan en su entendimiento de lo que significa ser fértil como los discípulos de Cristo y lo que significa vivir como siervos, siguiendo el modelo de su Señor.

APERTURA (10 MINUTOS)

Dé la bienvenida a todos los participantes personalmente conforme vayan llegando.

Establezca el contexto.

Esta reunión es la tercera de cinco sesiones sobre el llamado de Dios y nuestra respuesta en vocación cristiana. Esta semana estamos explorando un poco más la imagen de la vid y las ramas en relación al tema de los frutos.

Únanse en adoración.

- Encienda una vela para celebrar la presencia de Cristo nuestro Señor, cuyo espíritu es fértil en amor y desea otorgarnos esta fertilidad.

- Lea Efesios 3:16-19. Invite al grupo a reflexionar en la imagen de estar «arraigados y cimentados en amor», luego imagine cómo sería estar «llenos de toda la plenitud de Dios».

- Después de algunos minutos, invite a los participantes a compartir una palabra, pensamiento o imagen que les haya hablado.

- Canten algunas estrofas de un himno familiar, podría ser «Espíritu de Dios», #162 o «Sois la semilla», #291.

INTERCAMBIO DE IDEAS (45 MINUTOS)

Pida a los miembros del grupo que identifiquen dónde han experimentado la presencia de Dios en sus vidas durante la semana que pasó.

Invitación a compartir sobre los ejercicios diarios.

- Dé a los participantes un momento para ver sus diarios e identificar aquello que les pareció ser más desafiante en los ejercicios diarios. Preste atención especial a dar tiempo para que las personas compartan sus reflexiones sobre el Ejercicio 4. Este es el punto inicial para que los participantes empiecen a ver no sólo sus propias vidas, sino también a toda la congregación.

- Anímeles a escuchar: Practiquen escuchar a Dios en las reflexiones e historias de cada persona.

- Como líder, ponga el ejemplo compartiendo su respuesta primero (muy brevemente) o invite a cualquier participante que desee empezar que lo haga.

- Después de que cada uno haya compartido, invite al grupo a identificar cualquier patrón o tema que haya surgido.

RECESO (10 MINUTOS)

Prepare todos los materiales para el servicio de lavamiento de pies (vea las indicaciones en la página 144).

Exploración profunda (45 minutos)

Presente el tema (2 minutos).

- El material en el Libro del Participante para las Semanas 2 y 3 de la Parte 4 se enfoca en la imagen de la vid y sus ramas de Juan 15, como una manera de entender lo que significa vivir confiada en Cristo y llevar el fruto de la vid.

- Otra imagen bíblica sobre lo que significa llevar fruto de la vid y vivir confiado en Cristo está en Juan 13:1-17, el relato de Jesús tomando la toalla de un siervo y lavando los pies de sus discípulos.

Lea en voz alta Juan 13:1-17 (3 minutos), dé tiempo para reflexionar a solas (10 minutos).

- A medida que lee el pasaje la primera vez, pida al grupo poner atención a aquello que ven, oyen, huelen y sienten. Sugiera que hagan una lista de palabras y frases que capten su atención, palabras que oigan como si fuera por primera vez, o palabras que les hagan «volverse y mirar».

- Invite a los participantes a compartir en una palabra o frase lo que ven u oyen.

- Durante la segunda lectura, sugiera que cada persona ponga atención a lo que ésta dice o sugiere sobre el ser fértiles o infértiles, y sobre la fuente de ambas. Luego distribuya las hojas para reflexionar (páginas 146–47) a todos los participantes y pídales tomar 10 minutos a solas para reflexionar.

Invite al grupo a compartir cualquier idea central, producto de su reflexión en Juan 13:1-17 (10 minutos).

(Vea las Notas del líder en la página 145 para información de trasfondo adicional.)

Presente y dirija el servicio de lavamiento de pies (15 minutos).

- Pida a las personas que tomen una silla en el círculo. Puede presentar el lavamiento de pies señalando que Jesús dice tres veces a los discípulos: «debéis lavaros los pies unos a los otros». Esta es la forma en que el autor del Evangelio enfatiza la importancia de este punto. Jesús también da una demostración. Jesús nos exhorta a poner este modelo de servicio en práctica.

- Seleccione otra persona para empezar con usted el lavamiento de pies. Considere el poner música de fondo para meditar durante el lavamiento.

- Trabajando con una palangana y una toalla, cada uno, usted y la otra persona que ha seleccionado, dirigirán el proceso, levantándose de su silla y, comenzando calmadamente, empezarán a lavar los pies de la persona sentada cerca de usted. Quítele los zapatos, y luego, ponga un pie y después el otro dentro de la palangana, lave los pies con agua tibia. Seque los pies y pase la toalla al que está sentado a su lado. Vuelvan a sus asientos. Así continuarán hasta que todas las personas hayan lavado los pies de alguien más y alguien les haya lavado a su vez sus pies.[1]

Permita que el grupo tenga un tiempo breve para hablar sobre esta experiencia al finalizar el servicio (5 minutos).

- Lea Juan 13:12: «*... después que les lavó los pies, tomó su manto, volvió a la mesa y les dijo: ¿Sabéis lo que os he hecho?*»

- Pida al grupo que reflexione en las siguientes preguntas: **¿Qué nos ha hecho Jesús? ¿Qué ha hecho por nosotros la experiencia del lavamiento de pies? ¿Qué nos dice esta experiencia junto con el relato, sobre llevar el fruto de vida de Cristo en el mundo? ¿Cómo nos ha tocado o hablado Dios?**

Clausura (10 minutos)

Anuncie al grupo la naturaleza especial de los ejercicios diarios para esta semana. Asegúrese de que todos los miembros entiendan que deberán escribir tarjetas los unos a los otros y que leerán las tarjetas durante la próxima reunión de grupo. Debe estar clara la decisión concerniente a si su grupo necesitará una sesión extra para completar el tiempo de compartir las tarjetas de regalo. Si es que requieren dos reuniones, divida el grupo para que los miembros sepan a quién deben escribirle su tarjeta cada semana. Si los miembros del grupo son más de ocho personas, no habrá tiempo suficiente en una sesión. (Por favor vea las Notas introductorias del líder de la parte 4.)

Lea Juan 13:14-17.

Distribuya una toalla de mano o un paño a cada participante.

- Envuelva una toalla alrededor de su cintura. Luego entregue a cada persona una toalla o paño. Explíqueles que la toalla que les está entregando a cada una simboliza la vida fructífera que Jesús nos ha dado y que él quiere reproducir en nosotros/as.

- Invite a unos momentos de silencio para considerar qué significa recibir, y llevar a cabo su vida diaria en casa y en el trabajo con la toalla de siervo de Cristo atada alrededor de su cintura. Anímeles a usar la toalla esta semana, ya sea literalmente o figurativamente, como un recordatorio de quiénes son y de su disposición a responder al llamado del Maestro.

Diga una oración apropiada, tal como:

Amado Dios, en Jesucristo nos mostraste la grandeza de la humildad. Danos gracia ahora para servirnos unos a otros con sencillez de corazón, y así entrar en el compañerismo de su servicio. Amén.

Concluya con un himno o un coro tal como «Enviado soy de Dios», #307 o «Pues si vivimos», #337.

Direcciones para el lavamiento de pies

Reúna el equipo que necesita para el lavamiento de pies con tiempo. Considere pedir a alguien del grupo que le ayude reuniendo los artículos.

El material que se necesita incluye dos palanganas y dos toallas. Recuerde también traer una jarra para el agua.

Procure que la palangana, la toalla y la jarra tengan un lugar importante en la mesa o altar.

Durante el receso, pida a alguien que le ayude a preparar la palangana y las toallas, ponga todo en su lugar. Ponga algo de agua en las palanganas, pero no los llene.

Antes de que el lavamiento de pies inicie, anime a las mujeres que puedan sentirse incómodas por sus medias de nylon a que se las dejen puestas, así no demorarán la actividad. Las medias se secan rápido después de secarlas con la toalla.

Anticipe otros obstáculos o posibles preocupaciones entre los miembros del grupo, y prepárese para resolverlos.

Dé permiso a las personas de no participar, especialmente si arrodillarse a lavar los pies de alguien más es un problema para ellas.

Notas del líder

CONTEXTO DEL LAVAMIENTO DE PIES EN JUAN 13:1-17

El lavamiento de pies era común en los días de Jesús. Se hacía por cuestiones de higiene y por hospitalidad. Después de entrar en una casa, la gente se lavaba sus pies para quitar el polvo y barro. Los anfitriones ricos tenían siervos para lavar los pies de los huéspedes de honor como una forma de darles la bienvenida.

Lo que no era común era que un anfitrión lavara los pies de sus huéspedes personalmente y, al hacerlo, tomaba el papel humilde destinado a un siervo.

En este relato, la preocupación de Jesús no era tanto por la higiene física; él lavó los pies de sus discípulos como a mitad de la comida, no cuando entraron a la casa o cuando se acercaron a la mesa. Así que la acción inesperada de Jesús fue un acto de hospitalidad.

Escuche la respuesta de Jesús a la objeción de Pedro: «si no te lavo, no tendrás parte conmigo». Jesús anhela que Pedro y los otros discípulos compartan su vida. Les está dando la bienvenida a sus amigos a su «casa» e invitándolos por su ejemplo a compartir en la manera en que tiene que ser vivida la vida en la casa del Padre: como siervos unos de otros en amor.

Gail R. O'Day escribe en la *New Interpreter's Bible* (Vol. IX, 727–28), «El lavamiento de pies revela el amor redentor de Jesús por sus discípulos, y es este amor el que contiene la promesa de una nueva vida para los discípulos. El llamado para los discípulos es permitirse ser ministrados en esa forma, aceptar el gesto lleno de amor de Jesús... Jesús no simplemente hace un llamado general al servicio; él hace un llamado a dar como él da, a amar como él ama».

Reflexión solitaria en Juan 13:1-17

«... sabiendo Jesús que el Padre le había dado todas las cosas en sus manos, y que había salido de Dios y a Dios iba, se levanto de la cena»,

Medite en lo que estos versículos dicen que Jesús sabía y cómo ese conocimiento se relaciona con su capacidad de estar disponible para Dios. ¿Qué es lo que sabe usted en su corazón que le permite estar disponible para Dios hasta el punto en que lo está?

«... se levantó de la cena, se quitó su manto y, tomando una toalla, se la ciñó».

Medite en Jesús quitándose su manto exterior. ¿Qué fue lo que Jesús tuvo que quitarse a fin de usar la toalla? ¿Qué «manto exterior» tiene usted que quitarse, figurativamente hablando, a fin de tomar la toalla en el espíritu de Jesús?

«Luego puso agua en una vasija y comenzó a lavar los pies de los discípulos y a secarlos con la toalla con que estaba ceñido».

Contemple cuán bajo Jesús tuvo que encorvarse para mostrar el amor de Dios por sus discípulos, por nosotros/as. ¿Qué situación actual le desafía a encorvarse en amor? ¿Cuán bajo está usted dispuesto/a a encorvarse por Cristo?

«Cuando llegó a Simón Pedro, este le dijo: Señor, ¿tú me lavarás los pies?... No me lavarás los pies jamás. Jesús le respondió: Si no te lavo, no tendrás parte conmigo».

¿Cuáles son sus reservas sobre compartir la vida de Cristo más plenamente de lo que lo hace ahora? ¿Cuáles son sus miedos? ¿Cuáles son sus esperanzas?

«No estáis limpios todos».

Jesús sabía que Judas iba a traicionarle, y aún así le lavó los pies. ¿Qué pies usted encontraría difícil, si no imposible, de lavar?

«Pues si yo, el Señor y el Maestro, he lavado vuestros pies, vosotros también debéis lavaros los pies los unos a los otros».

Si usted estuviera vistiendo diariamente la toalla simbólica del servicio alrededor de su cintura, ¿a qué cosas les prestaría atención, que ahora no lo hace? ¿Qué relaciones en particular se verían más afectadas? ¿Cómo?

Parte 4, Semana 4
Dones del Espíritu

PREPARACIÓN

Prepárese espiritualmente. Lea el material para la Semana 4 Parte 4, haga todos los ejercicios, y mantenga su diario al igual que los participantes. Pase tiempo en oración buscando la dirección de Dios para la reunión de grupo, y ore por cada participante.

Prepare los materiales y el lugar. Escoja los himnos y tenga disponibles los himnarios. Arregle las sillas en un círculo con una mesa al centro y una vela.

Revise el propósito de la reunión: (1) Que los participantes obtengan experiencia en hablar de la verdad concerniente a los dones de otros en un espíritu de honestidad, afirmación y amor; y (2) que empiecen a aceptar y recibir afirmación por sus propios dones en un espíritu de gratitud y confianza humilde.

Por favor note que el tiempo de «Intercambio de ideas» ha sido reducido a quince minutos a fin de permitir más tiempo para el reconocimiento de los dones en la«Exploración profunda».

APERTURA (10 MINUTOS)

Dé la bienvenida personalmente a todos los participantes conforme vayan llegando.

Establezca el contexto.

Esta es nuestra cuarta sesión sobre el llamado de Dios y nuestra respuesta. Esta semana nos enfocaremos en el discernimiento de los dones espirituales de unos y otros, así como también consideramos nuestra profunda vocación en la vida de fe.

Únanse en adoración.

- Encienda una vela para recordar la iluminación de mente y corazón que viene cuando Dios revela los dones que el Espíritu Santo da a cada creyente para construir el cuerpo de Cristo.

- Canten un coro o himno que celebre la variedad de dones de la comunidad de fe, podría ser «Sois la semilla», #291 o «Hazme un instrumento de tu paz», #230.

- Invite al grupo a hacer oraciones breves por los dones de discernimiento y claridad en este tiempo.

INTERCAMBIO DE IDEAS (15 MINUTOS)

Invite a compartir brevemente sobre los ejercicios diarios. Dé la oportunidad a los miembros del grupo para compartir brevemente cómo han experimentado el proceso de mencionar y afirmar los dones de las otras personas del grupo.

RECESO (10 MINUTOS)

EXPLORACIÓN PROFUNDA (75 MINUTOS)

Dedique todo el tiempo al proceso de afirmación de dones que vemos en las demás personas.

- En oración enfoque la atención del grupo en una persona a la vez.

- Vaya alrededor del círculo, haciendo que los miembros del grupo usen lo que escribieron en las tarjetas de dones para que mencionen y afirmen los dones que ven en la persona en quien se han enfocado. Después de que cada persona comparta la lista que tiene en su tarjeta, deberá entregar la tarjeta a la persona en cuestión. Cuando todo el grupo haya completado el proceso de afirmar los dones de una persona, dé a esa persona la posibilidad de responder brevemente (gratitud, ideas, confirmaciones). Continúe así hasta que cada miembro del grupo haya estado en ambos papeles de recibir y dar el terminar este proceso.

- Considere el tiempo disponible, y establezca expectativas claras sobre el número de minutos disponibles para que cada persona a reciba las afirmaciones y responda. Anímeles a quienes están enumerando los dones a que se sujeten a sus notas para evitar elaboraciones innecesarias. También anime a quienes están recibiendo las afirmaciones a que respondan con brevedad. La próxima semana tendrán la oportunidad de decir más sobre sus respuestas.

Clausura (10 minutos)

Dé unos minutos de silencio para que los participantes absorban lo que han dado y lo que han recibido.

Invite a que se hagan oraciones espontáneas de acción de gracias y súplica, según la gente se sienta movida.

Lean o cante la letra del himno «Enviado soy de Dios», #307, si está en su himnario. Si no, canten «Tú has venido a la orilla», #195, invitando al grupo a pensar en términos de los dones identificados este día.

Concluya con una bendición cantada o recitada.

Parte 4, Semana 5
El cuerpo de Cristo dado por el mundo

PREPARACIÓN

Prepárese espiritualmente. Lea el material para la Semana 5 de la Parte 4, haga todos los ejercicios, y mantenga su diario al día igual que los participantes. Pase tiempo en oración pidiendo por apertura a la presencia de Dios y a la dirección del Espíritu en su tiempo de reunión.

Prepare los materiales y el lugar. Seleccione los coros y reúna los himnarios necesarios. Arregle el cuarto con una mesa al centro y una vela. Si planea terminar con la Santa Cena, asegúrese de tener los elementos para la Comunión. Si planea terminar con un banquete ágape, contacte a su pastor o pastora para que le pida sugerencias sobre este tipo de culto.

Revise el propósito de la reunión: Que los participantes continúen nombrando e internalizando sus propios dones y su llamado, y que empiecen a pensar corporativamente, explorando los dones y el llamado de este grupo y/o su congregación.

APERTURA (10 MINUTOS)

Dé la bienvenida personalmente a todos los participantes conforme vayan llegando.

Establezca el contexto.

Esta es la sesión final sobre el tema del llamado de Dios y los dones que Dios nos ha dado para cumplir con nuestra vocación en respuesta a ese llamado. Esta semana nos enfocaremos en los dones espirituales que sentimos estamos preparados/as para reclamar personalmente y empezar a explorar cualquier posible sentido de llamado como grupo dentro de la iglesia.

Únanse en adoración.

- Encienda una vela para proclamar y celebrar la presencia del Espíritu Santo, quien concede los dones de Dios a todos los creyentes para fortalecer el cuerpo de Cristo y así continuar su ministerio en el mundo.

- Cante un himno o coro que nos llame a ministrar en el nombre de Jesús a través del uso de los dones de Dios. Algunas sugerencias pueden ser: «Puedo oír tu voz llamando», #194; «Heme aquí», #289; o «Usa mi vida», #294.

- Dirija una oración de apertura, o invite al grupo a orar en frases breves.

INTERCAMBIO DE IDEAS (45 MINUTOS)

Pida a los miembros del grupo que identifiquen dónde han experimentado la presencia de Dios en sus vidas en la semana que pasó.

Invitación a compartir sobre los ejercicios diarios.

- Después de dar tiempo para que todos los miembros del grupo revisen sus diarios, pídales compartir primero su respuesta al Ejercicio 1—la mención de los dones individuales y un sentido de llamado que reclaman para sí. Luego vuelva la atención a los Ejercicios 2 y 5 y las ideas de la gente sobre el llamado de Dios en y a la iglesia. Como líder, ponga el ejemplo ofreciéndose primero a compartir muy brevemente su respuesta.

- Anímeles a que escuchen: practiquen escuchar a Dios en las reflexiones e historias de cada persona.

- Después de que cada persona haya compartido, invite al grupo para que identifique cualquier patrón o tema que haya surgido en lo que han compartido.

RECESO (10 MINUTOS)

EXPLORACIÓN PROFUNDA (45 MINUTOS)

Presente el tema de explorar el llamado de Dios a nuestro pequeño grupo como parte del cuerpo de Cristo (5 minutos).

- **Hemos escuchado el llamado de Dios como individuos dentro de un grupo; ahora escuchemos el llamado de Dios como un grupo dentro de la iglesia.**

- **Cada grupo en la iglesia, igual que cada célula en el cuerpo, tiene un llamado y una misión. Sabemos que parte del llamado de este grupo es que seamos compañeros y** compañeras en Cristo al compartir esta experiencia formativa. ¿Percibimos otro nivel del llamado de Dios para nosotros como grupo—quizá por el bien de la iglesia, de nuestra comunidad, o alguna «zarza ardiente» en particular que todos vemos? Tenemos una oportunidad ahora de escuchar dónde Dios puede estar llamándonos a ir más lejos en esta jornada juntos/as. No se espera que los participantes se comprometan a nada, excepto a estar disponibles a la voluntad de Dios.

Aprendamos la lección de los panes—Marcos 6:30-44 (40 minutos).

- El siguiente ejercicio es una forma de lectio en grupo con la Escritura. El lugar de inicio de este relato es similar a donde estamos nosotros ahora. Los discípulos están «en retiro» y se les llama inesperadamente. Escuchemos las palabras de Dios para ver si nosotros/as también estamos siendo llamados/as.

- El pasaje de la Escritura será leído tres veces, seguido por un período de silencio o reflexión dirigida, y luego habrá un tiempo para que el grupo comparta. [Las páginas 156–58 le darán a usted, como líder, instrucciones detalladas para la lectio de todo el grupo.] Necesitarán tener sus diarios para que puedan captar cualquier imagen o idea durante la segunda lectura.

- En el transcurso de las lecturas, silencio y compartir, escuchen con los corazones el llamado sutil de Dios a todo el grupo. Recuerde: Dios nos puede hablar a través de la persona que menos esperamos, de los más inesperados pensamientos o voces o percepciones. En el tiempo de compartir nos propondremos ser breves y estar en actitud de oración.

CLAUSURA (15 MINUTOS)

Ofrezca un servicio breve de Santa Comunión, empezando con las oraciones de la gente y «La Gran Acción de Gracias». Permita que las lecturas y meditación en Marcos 6:30-46 sirvan como la proclamación de la Palabra y respuesta a la Palabra. Si no hay una pastora o pastor ordenado que esté presente, o disponible para dirigir el servicio de Comunión, en lugar de la Cena tengan una versión simplificada de un ágape o banquete de amor, a manera de servicio.

Canten cualquier himno de Comunión o uno de los que están listados en la «Apertura» para esta sesión.

Guía del líder para el ejercicio en Marcos 6:30-44
Aprendamos la lección de los panes

Primera lectura e intercambio breve (5 minutos): Pida a las personas del grupo que escuchen la Escritura para que tengan una idea general del relato. Invíteles a que se den cuenta de las imágenes, palabras y frases que llamen su atención, que se queden en su mente, o palabras que les parezca estar oyendo por primera vez. Después de la lectura, el grupo podrá compartir brevemente lo que notaron en esta primera lectura.

Segunda lectura y reflexión dirigida (25 minutos): Invite a los participantes a que escuchen el relato tal como está siendo leído, versículo por versículo (vea abajo). Permita que las siguientes preguntas guíen sus reflexiones, y pídales que silenciosamente apunten en sus diarios después de cada reflexión. Dígales que usted hará una pausa después de cada versículo y dará las preguntas de reflexión para que el grupo pueda brevemente compartir sus respuestas. Mantenga la meditación fluyendo; evite estancarse en discusiones o diferencia de interpretaciones.

1. «*Entonces los apóstoles se reunieron con Jesús y le contaron todo lo que habían hecho y lo que habían enseñado. Él les dijo: Venid vosotros aparte, a un lugar desierto, y descansad un poco, porque eran muchos los que iban y venían, de manera que ni aun tenían tiempo para comer. Y se fueron solos en una barca a un lugar desierto*».

¿En qué formas nuestras reuniones han sido para usted/nosotros reuniones alrededor de Jesús, un lugar desierto únicamente para nosotros/as, un tiempo para descansar por un momento, lejos de las idas y venidas de nuestras ocupadas vidas? (Haga una pausa para reflexionar en silencio.)

Invite a que se den respuestas breves sin comentario o discusión.

2. «*Pero muchos los vieron ir y lo reconocieron; entonces muchos fueron allá a pie desde las ciudades, y llegaron antes que ellos, y se juntaron a él*».

¿Quién es toda esta gente en el relato, y qué es lo que está buscando? (Haga una pausa para reflexionar en silencio.)

Invite a que se den respuestas breves sin comentario o discusión.

3. «*Salió Jesús y vio una gran multitud, y tuvo compasión de ellos, porque eran como ovejas que no tenían pastor; y comenzó a enseñarles muchas cosas*».

¿Qué vio Jesús en la gente que lo llevó a conmoverse? (Haga una pausa para reflexionar en silencio.)

¿Qué ve usted en la gente de su comunidad que lo mueve a compasión? (Pausa para reflexionar.)

Invite a que se den respuestas breves sin comentario o discusión

4. «*Cuando era ya muy avanzada la hora, sus discípulos se acercaron a él, y le dijeron: 'El lugar es desierto y la hora ya muy avanzada. Despídelos para que vayan a los campos y aldeas de alrededor y compren pan, pues no tienen qué comer'*».

¿Cómo querían responder los discípulos a la necesidad que vieron? (Haga una pausa para reflexionar en silencio)

¿Cómo respondería usted o su iglesia a quienes usted ve que tienen hambre o necesidades? (Haga una pausa para reflexionar en silencio)

Invite a que se den respuestas breves sin comentario o discusión.

5. «*Respondiendo él, les dijo: 'Dadles vosotros de comer'*».

Cuando escucha a Jesús decir: «Dadles vosotros de comer», ¿cuál es su reacción? (Haga una pausa para reflexionar en silencio.)

Invite a que se den respuestas breves sin comentario o discusión.

6. «*Ellos le dijeron: ' ¿Quieres que vayamos y compremos pan por doscientos denarios y les demos de comer?' Él les preguntó: '¿Cuántos panes tenéis? Id a ver. Y al saberlo, dijeron: 'Cinco, panes y dos peces'*».

¿Qué suposiciones dieron forma al punto de vista que los discípulos tenían respecto a los recursos que tenían disponible y sobre dónde los encontrarían? (Haga una pausa para reflexionar en silencio)

¿Qué recursos encuentra usted disponibles para la necesidad inmediata? (Pausa para reflexión en silencio.)

Invite a que se den respuestas breves sin comentario o discusión.

7. «*Entonces les mandó que hicieran recostar a todos por grupos sobre la hierba verde. Se recostaron por grupos, de ciento en ciento, y de cincuenta en cincuenta. Entonces tomó los cinco panes y los dos peces y, levantando los ojos al cielo, bendijo, y partió los panes y dio*

a sus discípulos para que los pusieran delante; también repartió los dos peces entre todos. Comieron todos y se saciaron. Y recogieron, de los pedazos y de lo que sobró de los peces, doce cestas llenas. Los que comieron eran cinco mil hombres». (Mateo 14:21 añade, «*sin contar las mujeres y los niños*».)

¿Qué les pidió Jesús a los discípulos que hicieran con los pocos recursos que tenían? (Haga una pausa para reflexionar en silencio.)

¿Qué nos está llamando Jesús a hacer con los recursos que tenemos para ayudar a la gente a encontrar pan para el hambre de sus corazones? (Haga una pausa para reflexionar en silencio.)

Invite a que se den respuestas breves sin comentario o discusión.

Tercera lectura, silencio y compartir (10 minutos): Siguiendo la lectura, dé un minuto para reconocer en silencio y escuchar el llamado de Dios en nuestros corazones. Luego invite a las personas participantes a que hablen de su silencio sobre lo que están escuchando.

Explorar la dirección espiritual: El Espíritu de Cristo

Notas introductorias del líder para la Parte 5

L a Parte 5 presenta la dirección espiritual como un camino de formación espiritual en el Espíritu de Cristo. Su papel como líder es ayudar al grupo a explorar formas para llegar a ser lo que Dios quiere que la iglesia sea: una comunidad de gracia y guía entre aquellos que son llamados/as a entrar y crecer plenamente en la mente, el corazón y el trabajo de Cristo.

Al igual que en la Parte 4, la Parte 5 puede requerir más tiempo de preparación. El material puede ser menos familiar y por lo tanto requerir más estudio. De modo que programe una o dos horas por semana de tiempo adicional para estudiar y prepararse para dirigir las sesiones.

Antes de que empiece a preparar la Semana 1 de la Parte 5, tome tiempo para revisar toda la Parte 5. Familiarícese con la secuencia de las cinco reuniones y las varias experiencias de descubrimiento que estará facilitando en la parte de «Exploración profunda» y «Clausura».

Revise la sección llamada «Preparación» en la primera página de todas las cinco semanas de la Guía del Líder por cualquier cosa que requiera planeación por anticipado.

La «Exploración profunda» en la Semana 2 invita a un discernimiento personal de algún asunto en su vida que puede servir como el asunto central para el ejercicio de grupo del Comité de claridad. Puede tomar cierto tiempo el identificar un asunto apropiado o un dilema que usted esté dispuesto/a a compartir con el grupo. También necesitará identificar y preparar a otra persona miembro del grupo para que ayude en la facilitación de este proceso particular.

La «Exploración profunda» en la Semana 4 invita a identificar una preocupación de la iglesia o algún dilema ministerial que puede ser el asunto central para trabajar con él en el ejercicio de discernimiento colectivo. Tome tiempo para pensar sobre eso y para familiarizarse con los pasos en el proceso de discernimiento.

La «Exploración profunda» de la Semana 5 trata de las implicaciones de este curso para la iglesia. Ayude al grupo a ver que el propósito de *Compañerismo en Cristo* es realizar la vida espiritual y el ministerio de la iglesia como una comunidad de gracia y guía para la jornada cristiana.

Empiece ahora a planificar el tiempo y lugar para el retiro de clausura. Revise la páginas 191–92 para sugerencias sobre cómo seleccionar un lugar para el retiro y los otros preparativos necesarios. Después del retiro de clausura, tome un tiempo para llenar la evaluación que se encuentra en la página 201 en la Guía del Líder.

Por favor envíe su evaluación a *Compañerismo en Cristo*, Upper Room Ministries, P.O. Box 340012, Nashville, TN 37203-9540. Así podremos continuar mejorando este material para grupos pequeños. También siéntase en la libertad de contactarnos si necesita ayuda con ideas y recursos para programas avanzados o de pasos a seguir como grupo. El Libro del Participante contiene una lista de recursos comentados con algunas sugerencias que pueden serle de ayuda como material de seguimiento para grupos pequeños o lectura individual.

Que Dios sea con usted a medida que guía al grupo a llegar a ser compañeros y compañeras en Cristo para su congregación.

¿Cómo saber la voluntad de Dios para mi vida?

PREPARACIÓN

Prepárese espiritualmente. Lea el material para la Semana 1 de la Parte 5, haga todos los ejercicios, y mantenga al día su diario junto con los demás participantes. Ore por cada persona de su grupo y por la reunión de grupo.

Prepare los materiales y el lugar. Seleccione coritos o himnos para esta sesión. Asegúrese de que tiene los himnarios. Haga suficientes copias del material «Ejercicio de atención santa» (páginas 165–66). Use una campanita o cascabel para llamar al momento del «Ejercicio de atención santa». Arregle las sillas alrededor de una mesa de centro con una vela.

Revise el propósito de la reunión: Que los participantes tengan más claridad sobre la naturaleza de la dirección espiritual y tengan una oportunidad para practicar el «oír santo» con otra persona.

APERTURA (10 MINUTOS)

Dé la bienvenida a cada participante personalmente conforme vayan llegando.

Establezca el contexto.

Esta es nuestra primera reunión de cinco sobre la naturaleza y práctica de la dirección espiritual. Estamos comenzando esta semana con un enfoque en la dirección uno a uno. En las próximas semanas exploraremos varias expresiones de la dirección colectiva en la iglesia. Todas las formas de dirección espiritual son expresiones del trabajo de Cristo en el mundo, a través de la acción del Espíritu Santo. Reflexionemos por un momento en el papel del Espíritu Santo en nuestra fe.

Únanse en adoración.

- Encienda una vela y lea Juan 14:15-17. Invite a un momento de reflexión silenciosa sobre cómo el Espíritu está descrito en estos versículos. Haga algunas preguntas sencillas tales como: **Cuando oímos el término *Consolador*, ¿qué palabras, asociaciones o imágenes vienen a su mente?**

(Invite a un minuto de compartir respuestas.) **¿Qué significa para usted el «Espíritu de verdad»?** (Invite al grupo a compartir brevemente algunos pensamientos.) **¿Dónde se puede encontrar o conocer el Espíritu según el pasaje?** (Invite al grupo a reflexionar en la verdad extraordinaria de que el Espíritu permanece a nuestro lado y dentro de nosotros.)

- Enfatice que esta verdad es el fundamento de toda la dirección espiritual. Si el Espíritu no permaneciese bondadosamente a nuestro lado y dentro de nosotros, no habría posibilidad de que fuésemos vasos de la dirección de Dios los unos para los otros.

- Canten un himno que celebre la presencia vital del Espíritu de Dios en nuestra jornada de fe, puede ser «Dios nos ha dado promesa», #176 o «Dulce Espíritu», #186.

- Dirija en una oración breve dando gracias y pidiendo apertura a la obra del Espíritu en nuestro medio ahora.

INTERCAMBIO DE IDEAS (45 MINUTOS)

Pida a los miembros del grupo que identifiquen en dónde han experimentado la presencia de Dios en sus vidas la semana que pasó. Ponga especial atención a cómo cada persona responde al Ejercicio 5, la práctica del examen.

Invitación a compartir sobre los ejercicios diarios.

- A medida que las personas comparten sobre los ejercicios diarios, enfóquese en la naturaleza de la dirección espiritual que se ilustra en los pasajes de la Escritura.

- Como líder, modele la forma de compartir ofreciendo su respuesta primero (muy brevemente) o invite a cualquier participante que desee hacerlo para que empiece.

- Después de que todas las personas hayan compartido, invite al grupo a identificar algún patrón o temas que hayan surgido.

Receso (10 minutos)

Exploración profunda (45 minutos)

Si es necesario, aclare lo que se entiende por dirección espiritual (10 minutos).

- En una hoja de rotafolio o en la pizarra, haga tres columnas con los encabezados «Dirección Espiritual», «Consejería» y «Psicoterapia». (Vea las Notas del líder tituladas «Contrastes en relaciones de ayuda», página 168.)

- Luego lea la siguiente definición breve de dirección espiritual de *El arte del escuchar cristiano* by Thomas N. Hart:

  > El propósito de la dirección será sensibilizar más a las personas a la presencia y acción de Dios en sus vidas, y ayudarlos a dar una respuesta más completa y apropiada.[1]

- Invite a los miembros del grupo a sugerir formas en las que la dirección espiritual, la consejería y la terapia son semejantes o diferentes, usando esta definición y el material de la lectura semanal.

Presente el «Ejercicio de atención santa» (5 minutos).

- El propósito de este ejercicio es darle a cada persona la oportunidad de practicar el escuchar santo en actitud de oración. Este es el corazón de una relación de amistad espiritual formal o informal, uno a uno, o en grupo.

- Invite a los miembros del grupo a formar parejas para el ejercicio.

- Dé a cada persona el material de «Ejercicio de atención santa» y «Preguntas de reflexión». Explique al grupo el proceso.

- Asegúrese que los participantes entiendan que cada persona tendrá la oportunidad de ejercer ambos papeles, escuchar y hablar. Después de los primeros ocho minutos, tomarán dos minutos para reflexionar en las preguntas de repaso del material que se les entregó. Luego cambiarán los papeles. Al terminar cada sesión de ocho minutos, tomarán dos minutos para reflexionar en silencio sobre las preguntas de repaso del material. Durante los últimos cinco minutos compararán sus respuestas con las preguntas de repaso.

Practique la atención santa en pares (25 minutos).

- Pida a las parejas que encuentren un espacio aparte tan pronto como les sea posible para aprovechar el tiempo al máximo.

- Ayude a los participantes a respetar el tiempo al tocar la campanita después de cada período de ocho minutos, recordándoles que tomen los dos minutos de reflexión sobre las preguntas de repaso. Recuerde a los participantes al terminar los dos minutos de reflexión que deben cambiar de papeles.

- Después de la segunda sesión de escuchar y evaluar, invite a cada pareja de participantes a comparar las notas sobre sus experiencias durante cinco minutos.

Únanse como grupo (5 minutos).

Finalmente, invite a los pares a unirse como un solo grupo y a compartir sus experiencias y aprendizajes sobre la atención santa.

CLAUSURA (10 MINUTOS)

Encienda una vela y lea el Salmo 81:13, 16. Diga algunas palabras sobre el gran anhelo de Dios de que escuchemos y estemos atentos, y sobre la promesa de estar espiritualmente alimentados cuando escuchamos.

Invite a reflexionar en silencio en lo que hemos aprendido sobre la atención santa con otros y de otros.

Invite a un tiempo de oración en grupo, para presentar a cada persona ante Dios en acción de gracias y para celebrar el don de Dios en cada persona según lo recibieron durante la atención santa. Cuando el tiempo de oración concluya, invite a cada persona a estar en oración por su compañero/a que le escuchó durante la semana y a permanecer en apertura a cualquier movimiento del Espíritu.

Canten juntos una bendición para concluir o un himno sugerido en la «Apertura».

Ejercicio de atención santa

«La dirección espiritual tiene lugar cuando dos personas acuerdan dar toda su atención a lo que Dios está haciendo en una (o las dos) de sus vidas y buscan responder en fe».[2]

El propósito de este ejercicio es que cada participante practique la atención santa en parejas.

CUANDO HABLE

Reciba su oportunidad de hablar y ser escuchado como una oportunidad de explorar algún aspecto de su caminar con Dios durante la semana que pasó (o día). Recuerde que usted y su amigo/a se reúnen en la compañía de Dios, quien es la verdadera presencia guiadora durante este tiempo de convivencia.

CUANDO ESCUCHE

Practique escuchar con su corazón así como con su mente. Cree un espacio de bienvenida y aceptación para que la otra persona explore libremente su peregrinaje en presencia suya y en la presencia de Dios. Sea natural, pero esté alerta a cualquier hábito o necesidad ansiosa que exista en usted de analizar, juzgar, aconsejar, «arreglar,» enseñar o querer compartir su propia experiencia. Trate de limitar su intervención a preguntas gentiles y palabras honestas de ánimo.

A medida que escucha, manténgase orando interiormente, poniendo atención al Espíritu a la vez que escucha el santo misterio de la persona que está ante usted.

Cuando lo considere apropiado y no intrusivo, invite a la otra persona a explorar preguntas sencillas como estas:

* ¿Dónde experimentó la gracia o la presencia de Dios en medio de esto?

* ¿Siente el llamado de Dios para dar un paso adelante en fe o amor? ¿Hay aquí alguna invitación que deba explorar?

CÓMO EMPEZAR Y TERMINAR LA CONVERSACIÓN

* Decidan quién será la primera persona en escuchar y empiecen con un momento de oración silenciosa.

* Conversen durante ocho minutos; luego hagan una pausa de dos minutos para que cada persona pueda responder a las preguntas de reflexión en silencio.

- Cambien los papeles y conversen durante ocho minutos más; luego hagan nuevamente una pausa para la reflexión personal.

- Usen al menos cinco minutos para comparar notas de sus experiencias y respuestas a las preguntas de reflexión.

Preguntas de reflexión

PARA QUIEN ESCUCHA

a. ¿Cuándo estuvo más consciente de la presencia de Dios (en usted, en la otra persona, entre ustedes) en medio de la conversación?

b. ¿Qué interrumpió o disminuyó la calidad de su presencia ante Dios o ante la otra persona?

c. ¿Cuál es para usted el desafío más grande de esta experiencia?

PARA QUIEN HABLA

a. ¿Cuál fue para usted el regalo de la conversación?

b. ¿Qué hizo la persona oyente que le ayudó o estorbó a usted en su habilidad para prestar atención a su experiencia de vida y a la presencia de Dios en ella?

c. ¿Cuándo estuvo más consciente de la presencia de Dios (en usted, en la otra persona, o entre ustedes) en medio de la conversación?

Notas del líder
CONTRASTES EN RELACIONES DE AYUDA

Muchas personas terapistas y consejeras están empezando a valorar la necesidad de trascendencia y de un sentido de lo sagrado. Por esta razón, las diferencias entre la psicoterapia y la dirección espiritual están volviéndose cada vez más difíciles de distinguir. Imagine que unas líneas punteadas separan las columnas de abajo para demostrar gráficamente esta conciencia de cambio. Efectivamente, cada una de estas relaciones de ayuda requiere de un ayudante que escuche en amor, autenticidad, disposición de entrar en el mundo de la otra persona con empatía y respeto por su singularidad.

Psicoterapia	Consejería	Dirección espiritual
	El proceso comienza con:	
Experiencia de confusión por la conducta personal, procesos mentales, estados de ánimo, inhabilidad de hacer frente y relacionarse en el trabajo y el amor debido a factores inconscientes.	La necesidad de elegir sobre situaciones de vida y relaciones, y quitar obstáculos a las metas que se han adoptado. La mayoría de asuntos que están disponibles a la conciencia.	Anhelo de *coherencia y comunión*. Búsqueda de Dios y sentido personal. Un sentido de superficialidad o pérdida de empuje y desilusión.
	La meta tiende a ser:	
Conciencia y reducción de conflicto, integración interior, habilidad y disposición creciente de funcionar en el amor y el trabajo, aumento en «cordura» y control del ego. Buen funcionamiento del organismo físico en su totalidad.	Reconocimiento de necesidades y valores, prioridades a través de enfocarse en los sentimientos y aumento de autoconciencia para que las decisiones puedan ser realistas y lleven a la satisfacción del ser en las relaciones.	Conversión continua; dejando a un lado la resistencia para descubrir una identidad profunda evocada por Dios. El ego es reducido «... *ya no vivo yo, mas Cristo vive en mí*» (Gálatas 2:20). Se desea y elige de manera diferente. Como ejemplo tenemos, las Bienaventuranzas.
	La actitud de quien ayuda es:	
Desear sanar, curar; comprender o resolver el misterio, y ayudar a la persona a lograr paz intra-psíquica y satisfacción personal. Ver las causas bioquímicas del estado de confusión, si tiene una orientación biológica.	Trabajar en colaboración con el cliente para que «la voluntad» y la administración del ego se fortalezcan, conduciendo al logro personal de las metas escogidas. Anima a la autodirección y autoasertividad en acción.	Estar en diálogo juntos en la presencia del misterio; disposición porque la intención de Dios se lleve a cabo a través de la sumisión de la autodefinición. Servicio comprometido que lleve al cumplimiento universal.

Reimpreso de un artículo de Roy Fairchild, publicado en *Quarterly Review,* Vol. 5, no. 2 (verano 1985) y usado con permiso.

Parte 5, Semana 2
Compañeros y compañeras espirituales

PREPARACIÓN

Prepárese espiritualmente. Lea el material para la Semana 2 de la Parte 5, haga todos los ejercicios, y mantenga su diario a la par con los participantes. Ore por cada participante y por su liderazgo, para que usted pueda abrirse a la dirección del Espíritu Santo.

Prepare los materiales y el lugar. Lea todos los materiales relacionados con el Comité de claridad (páginas 173–74), y prepárese para traer un asunto de discernimiento genuino al grupo para el proceso descrito en la «Exploración profunda». Contacte a una persona miembro del grupo para que sea quien se haga cargo o facilite el Comité de claridad, y comparta con esa persona las Notas del líder para que él o ella se preparen para desempeñar este papel. Seleccione himnos o coros para esta sesión. Asegúrese que tiene los himnarios. Arregle las sillas alrededor de una mesa de centro con una vela.

Revise el propósito de la reunión: Que los participantes continúen profundizando su entendimiento de la dirección espiritual a través de la experiencia en grupo pequeño de la práctica cuáquera de un Comité de claridad.

APERTURA (10 MINUTOS)

Dé la bienvenida a los participantes personalmente conforme vayan llegando.

Establezca el contexto.

Esta es nuestra segunda reunión de cinco sobre la naturaleza y práctica de la dirección espiritual. Esta semana incursionaremos en el campo de la dirección de grupo, varias formas de las cuales continuaremos explorando en el resto de esta parte final de *Compañerismo en Cristo*.

Únanse en adoración.

- Encienda una vela para recordarnos la activa, iluminadora presencia del Espíritu Santo en medio nuestro.

- Lea Juan 14:25-27 en actitud de oración. Repita el versículo 26. Afirme que el Espíritu trabaja dentro de y entre nosotros/as para recordarnos las verdades profundas que Jesús enseñó y encarnó. Podemos confiar en esta obra de gracia en medio nuestro y estar en paz gracias a ella. Invite a unos momentos de reflexión en silencio para adoptar una atmósfera de verdad y paz.

- Dirija una breve oración, confiando a Dios el tiempo y el proceso del grupo a los propósitos bondadosos de Dios.

- Canten un himno que celebre la realidad del Espíritu de Dios, puede ser «Dulce Espíritu», #186 y «Envía, Señor, tu Espíritu», #180.

INTERCAMBIO DE IDEAS (45 MINUTOS)

Pida a las personas del grupo que identifiquen dónde han experimentado la presencia de Dios en sus vidas la semana que pasó. Puede ser de ayuda referirse al ejercicio del examen basado en el Padre nuestro y permitir a las personas que compartan sus respuestas.

Invitación a compartir sobre los ejercicios diarios.

- Dé a los participantes un momento para revisar sus diarios e identificar aquello que les habló de manera más profunda.

- Anímeles a escuchar: Practiquen el escuchar a Dios en las reflexiones y relatos de cada persona.

- Como líder dé el ejemplo ofreciendo su respuesta primero (muy brevemente), o invite a cualquier participante que desee hacerlo para que inicie el tiempo de compartir.

- Enfóquese en lo que significa confirmar lo más profundo en cada persona. Anime a las personas a reflexionar en cómo ven ellas la confirmación de lo más profundo en la lectura diaria de la Escritura y cómo han experimentado esta afirmación personalmente.

- Después de que cada persona haya compartido, invite al grupo a identificar cualquier patrón o temas que hayan surgido.

Receso (10 minutos)

Exploración profunda (45 minutos)

Establezca el contexto al explorar el tema del cuidado y dirección espiritual con un grupo pequeño (5 minutos).

• Ayude al grupo a ver la distinción entre los grupos de apoyo espiritual y los grupos dedicados a apoyar el Espíritu en cada participante.

• En el primero, la meta principal es apoyar y cuidar unos de otros directamente en nuestras dificultades y dar ánimo como amigas y amigos cristianos. En el segundo tipo de grupo, la meta principal es apoyar la vida del Espíritu en nuestra vida y ayudarnos a darnos cuenta de y recibir la dirección de Dios.

• Cualquier amistad cristiana o grupo de apoyo puede llegar a ser intencional sobre este elemento importante de apoyo espiritual.

• Discutan ejemplos de cada grupo si el tiempo lo permite.

Presente el Comité de claridad cuáquero y revisen los lineamientos (10 minutos).

• **El Comité de claridad cuáquero es un ejemplo de un grupo cuyo propósito es apoyar al Espíritu en una persona y ayudarla a discernir la dirección del Espíritu para su vida.**

• **El Comité de claridad cuáquero está basado en la fe de que una Guía está ya presente y activa dentro de nosotros y busca dirigirnos en gracia y verdad. Las personas que están enfrentando una pregunta importante en sus vidas pueden convocar a una reunión de claridad a fin de buscar la mente del Espíritu, y la compañía de amigos y amigas de confianza.**

• Revise con el grupo sus ideas de las Notas del líder que se encuentran en las páginas 173–74. Ayude a los participantes a entender cómo un Comité de claridad puede llegar a ser un espacio para discernimiento.

• Presente el asunto de discernimiento genuino que haya traído al grupo como el foco para el trabajo del Comité de claridad. Venga preparado para permitir al grupo que le ayuden a encontrar claridad.

• Presente al grupo el papel del facilitador. (Recuerde haber instruido por adelantado a un miembro del grupo para este papel en la reunión).

Permita que la persona facilitadora dirija al grupo como un Comité de claridad (20 minutos mínimo).

- La persona que facilita empieza la reunión con una oración por la apertura de cada persona al Espíritu.

- Quien facilita le pide a usted que presente el tema que trae al grupo para discernimiento.

- Luego de un breve período de silencio, la persona facilitadora invita a los miembros del grupo a hacer preguntas amorosas, de ayuda.

- Recuerde que tiene la libertad de contestar o pasar las preguntas delicadas o sensibles.

- Quien facilita, ayuda a los miembros del grupo a seguir las instrucciones en relación a las preguntas y duración de la respuesta.

- Concluya la reunión resumiendo lo que fue de ayuda y si obtuvo algún grado de claridad gracias al proceso. Si fue así, celebre y dé gracias a Dios. Si no, pida entonces al grupo si quisieran reunirse nuevamente para continuar el proceso fuera del horario y obligaciones de este curso.

Tome un tiempo para que el grupo y usted evalúen la experiencia (10 minutos).

- **¿Qué ayudó o estorbó al proceso de discernimiento?**

- **¿Qué lo habría hecho más útil?**

- **¿Qué nos enseña la experiencia sobre la dirección espiritual en la comunidad, específicamente en los grupos pequeños?**

CLAUSURA (10 MINUTOS)

Canten juntos algunas estrofas del coro que cantaron en la «Apertura» o cualquier otra selección.

Ore. Invite a que los participantes hagan oraciones de acción de gracias o petición, según se sientan movidos.

Ofrezca una bendición.

(Asegúrese de darle las gracias a la persona facilitadora.)

Notas del líder

COMITÉ DE CLARIDAD

El Comité de claridad es una estructura para tratar con nuestros dilemas en compañía de algunos amigos y amigas quienes pueden ayudarnos a buscar la dirección de Dios. Históricamente, los Cuáqueros usaron al Comité de claridad cuando dos miembros de un grupo local (congregación) pedían casarse. En el siglo veinte, los cuáqueros extendieron su práctica para ayudar a las personas a tomar una variedad de decisiones importantes.

Tras el Comité de claridad hay una sencilla pero crucial convicción espiritual: todas las personas tenemos una luz interior divina, que nos da la guía que necesitamos, pero a menudo se obscurece por las diversas maneras de interferencia interior o exterior. La función del Comité de claridad no es dar consejo o alterar o «arreglar» a la gente, sino ayudar a la gente a quitar los obstáculos y descubrir la existencia divina que está en nuestro interior. Basándose en esa convicción, el Comité de claridad puede ayudar a la gente a descubrir su propia dirección y llamados, que le han sido dados por Dios, a través del silencio, las preguntas, el escuchar y la oración.

1. La persona que está buscando claridad escribe su situación por adelantado, previa a la reunión y circula su declaración entre los miembros del Comité. El asunto debe identificarse lo más precisamente posible. Este es el foco del primer paso de la persona hacia la «claridad».

2. La persona en quien se enfocará el proceso escoge a su comité—cinco o seis personas confiables, con tanta diversidad entre ellas como sea posible. El comité deberá reunirse con el entendimiento de que puede haber necesidad de una segunda o quizá tercera reunión en las semanas siguientes.

3. Se nombrará una persona «facilitadora» para que inicie la reunión, la clausure y sirva como «oficial de tránsito», asegurándose de que se sigan las reglas y que cada persona que desee hablar pueda hacerlo.

4. Típicamente, la reunión comienza con un período de silencio para centrarse. La persona foco del comité empieza con un resumen reciente del asunto que se va a tratar. Los miembros del comité hablan, gobernados por una sencilla pero exigente regla: los miembros deben limitarse a hacer preguntas a la persona que es el foco

de la reunión, preguntas honestas y de sincero interés. Esto significa no aconsejar («¿Por qué usted no... ?» o «Mi tío tuvo el mismo problema y él... », o «Yo sé de un buen terapista que podría ayudarle») sólo preguntas auténticas, estimulantes, abiertas y amorosas. Los miembros deben guardarse de hacer preguntas que surjan de la curiosidad, en vez de importarles la claridad de la persona sobre su verdad interior. Quien facilita el proceso descartará las preguntas que sean consejos o juicios disfrazados.

5. Los miembros del Comité deben tratar de hacer preguntas cortas y al punto. La persona foco usualmente responde a las preguntas según se las presentan, manteniendo las respuestas relativamente breves. Sin embargo, la persona foco, siempre tiene el derecho de no contestar a fin de proteger su privacidad.

6. El ritmo de las preguntas y respuestas debe ser relajado, suave y humano. No tenga miedo del silencio en el grupo.

7. El Comité de claridad trabaja mejor cuando cada persona se acerca en un espíritu de oración, afirmando interiormente la realidad de dirección y verdad interior de cada persona. Debemos dejar la pretensión de que podemos conocer la verdad de otra persona o que estamos obligados a «salvarnos» unos a otros. Más bien, nos ayudamos unos a otros a poner atención a la salvación y presencia guiadora de Dios.

El Comité de claridad es una manera poderosa de alentar la fortaleza de una comunidad en torno a una alma en dificultad, basándose profundamente en «eso de Dios» que está dentro de cada uno de nosotros/as. El Comité de claridad tiene sus peligros. Pero una vez que la disciplina espiritual se entiende y acoge, llega a ser un nuevo canal para que el Espíritu de Dios se mueva con gracia y poder en medio nuestro.

Adaptado del artículo «The Clearness Committee: A Way of Discernment» por Parker J. Palmer, incluido en el libro *Communion, Community, Commonweal* (Nashville, Tenn.: Upper Room Books, 1995), pp. 131–36.

Parte 5, Semana 3
Grupos pequeños para dirección espiritual

PREPARACIÓN

Prepárese espiritualmente. Lea el material para la Semana 3 de la Parte 5, haga todos los ejercicios, y mantenga su diario al igual que los participantes. Ore que Dios le prepare a usted y a cada participante para recibir el mayor beneficio de su reunión de grupo.

Prepare los materiales y el lugar. Seleccione coros y junte los himnarios. Arregle el cuarto. Seleccione a un miembro del grupo para que le ayude en el ejercicio de grupo sobre discipulado responsable. Instruya a esa persona sobre la forma en que funcionan esos grupos para que esté preparada para dirigir al grupo. La familiaridad que este miembro tenga con el modelo de pacto del grupo de discipulado les será de ayuda. Arregle las sillas en un círculo con la mesa al centro y una vela. Prepare en el rotafolio un esbozo en borrador de la iglesia como jardín (partiendo de la imagen de Catalina de Siena que se encuentra en la página 291 en el Libro del Participante). No se preocupe por hacer un dibujo artístico; trate de capturar el símbolo básico de alguna forma. El grupo añadirá más cosas durante el culto de clausura. Necesitará lápices de colores o marcadores para el culto de cierre, así como también algunas tachuelas o cinta adhesiva para colgar el dibujo en un lugar central visible.

Revise el propósito de la reunión: Que los participantes experimenten el apoyo y dirección de un grupo pequeño enfocado en las formas en las que nos mantenemos responsables unos a otros en nuestro discipulado.

APERTURA (10 MINUTOS)

Dé la bienvenida a los participantes conforme vayan llegando.

Establezca el contexto.

Esta es nuestra tercera reunión sobre la dirección espiritual y nuestra segunda reunión enfocada en las expresiones de un grupo de tal dirección. En la segunda mitad de nuestro tiempo juntos, experimentaremos un anticipo de un modelo de discipulado de pacto mutuo en la dirección de grupos pequeños.

Únanse en adoración.

- Encienda una vela para recordarnos la luz siempre presente de Cristo en medio de nuestra reunión.

- En actitud de oración lea Mateo 18:19-20.

- Invite a la gente a unos minutos de oración silenciosa. Pídales que estén conscientes del estar juntos unos con otros, en la luz de Cristo y que sientan el poder de un propósito común que les es dado a los creyentes congregados en y a través del Espíritu Santo.

- Ahora invite a que se hagan oraciones en voz alta que rompan el silencio.

- Concluyan con un coro o himno que usted elija.

Intercambio de ideas (45 minutos)

Pida a los miembros del grupo que identifiquen dónde es que han experimentado la presencia de Dios en sus vidas durante la semana que pasó. Déles tiempo para que las personas respondan al ejercicio de examen (#5), según se sientan guiados.

Invitación para compartir sobre los ejercicios diarios.

- Dé a los participantes un momento para revisar sus diarios e identificar aquello que les pareció más desafiante en los ejercicios diarios. Céntrese en las ideas de cada persona y experiencias del poder de vivir en comunidad como se ve en el modelo de Cristo. Invite a los participantes a pensar sobre cómo crecemos en nuestra habilidad de ser moldeados por el Espíritu en comunidad. ¿Cómo experimentamos el poder de comunidad en Cristo?

- Anímeles a escuchar: Practiquen el escuchar a Dios en las reflexiones y relatos de cada persona.

- Como líder, dé el ejemplo de compartir ofreciendo su respuesta primero (muy brevemente) o invite a algún participante que desee empezar el tiempo de compartir.

- Después de que cada persona haya compartido, invite al grupo a identificar cualquier patrón o temas que hayan surgido.

RECESO (10 MINUTOS)

EXPLORACIÓN PROFUNDA (45 MINUTOS)

Establezca el contexto para una reunión de discipulado responsable (7 minutos).

- **La palabra *pacto* significa estar encadenados juntos, como las personas que reman juntas un bote. En nuestro caso peregrinamos hacia adelante en Cristo en la compañía de unas y otros. Una hermosa imagen es la de los árboles secoya cuyas raíces no son tan profundas para la tremenda altura del árbol pero están entretejidas en una forma tal que los hace fuertes entre sí; sus raíces interconectadas les dan el apoyo que necesitan para permanecer en pie. Nos cuidamos unas a otros en amor «para que podamos andar en el camino que lleva a la vida».**

- Invite a cada persona a leer la Regla general de discipulado que se encuentra en las páginas 334–35 del Libro del Participante. Examine la respuesta del grupo a esta imagen de la vida cristiana.

- Explique que las primeras sociedades metodistas ayudaron a la gente a encontrar el camino que lleva a la vida al definir una Regla general para enfatizar las «obras de misericordia» (haciendo todo lo bueno que podemos, evitando todo lo que hace daño) y «obras de piedad» (orando, buscando la Escritura, ayunando, consultas o conversaciones cristianas, siendo sobrio y recibiendo la Santa Comunión).

- Hoy en día los grupos de pacto de discipulado traducen la antigua «Regla general de las sociedades unidas» a un Regla general de discipulado contemporánea que llama a la disciplina en cuatro áreas: culto y devoción, justicia y compasión.

- Los grupos de pacto de discipulado empiezan por trabajar juntos para formar acuerdos que expresen la regla del discipulado cristiano en maneras que tengan significado para ellos. El grupo se reúne semanalmente por una hora para dar cuenta de cómo están viviendo su pacto y para cuidarse en amor unos a otros. Pida a la gente que vean un ejemplo de pacto que fue escrito por un grupo (Libro del Participante, página 336).

Dirija una reunión de discipulado responsable (30 minutos).

- Forme dos grupos pequeños de cuatro o cinco a fin de aprovechar el tiempo al máximo. Usted será líder de un grupo pequeño, y el segundo grupo será liderado por la persona miembro del grupo que usted haya seleccionado e instruido por anticipado (vea las notas bajo «Preparación»).

- Pida a las personas participantes que tengan frente a ellas la Regla general de discipulado y el ejemplo de pacto. Explique que, para el propósito de esta reunión, dejaremos que la imagen de la Regla general nos sirva como una base para que el grupo experimente el modelo de discipulado responsable.

- Empezando con «actos de compasión», invite a los miembros del grupo a tomar turnos diciendo lo que significa para ellos y ellas el cuadrante y que reporten cómo les va con ese aspecto. Después de que todas las personas hayan compartido sobre el cuadrante de la «compasión», enfóquese en el cuadrante de los «actos de justicia» y así sucesivamente.

- Ayude a los miembros del grupo a medir el tiempo y a seguir con sus reportes, pero tenga cuidado de no apurar a nadie o forzar a que se completen los cuatro cuadrantes en treinta minutos.

- Concluya la reunión pidiendo a las personas que indiquen dónde planean profundizar su discipulado en la semana que viene y las áreas en las que necesitan las oraciones y el apoyo del grupo.

Junte los dos grupos para evaluar la reunión (8 minutos).

Pida a los miembros del grupo que mencionen:

- ¿Qué fue lo más beneficioso y prometedor?

- ¿Qué fue lo menos beneficioso?

- ¿Qué otros componentes querría ver como parte de la experiencia de un grupo de pacto continuo?

Clausura (10 minutos)

Recuérdele al grupo la imagen del jardín usada por Catalina de Siena del Libro del Participante. Catalina señala que Dios habla de la iglesia como una gran viña en la cual cada persona tiene su propio jardín de uvas, pero sin cercas o divisiones existentes entre los jardines.

Cualquier cosa que pasa en el viñedo de alguien, para bien o para mal, íntimamente afecta a cada una de las otras viñas.

Ponga en alto su dibujo a medio terminar de esta imagen y con cinta adhesiva o tachuelas péguelo en el rotafolio o en la pared. Esparza los lápices de colorear o marcadores. Invite a que la gente tome algunos colores, pase adelante, y añadan a la figura algún símbolo de cómo ellas ven el pacto de comunidad como un «jardín» de dirección espiritual.

Recuerde la imagen de los árboles de secoya cuyas raíces están entretejidas y se sostienen unos a otros en su lugar. Es otra imagen que ayuda para entender lo que significa vivir como compañeros y compañeras en Cristo y en pacto con Dios, cuidándose entre sí en amor. ¿Hay alguna otra cosa más que a la gente le gustaría añadir al dibujo?

Concluyan orando juntos la Oración de pacto que se encuentra en la página 337 del Libro del Participante.

Pueden cantar «Amar», #286.

Part 5, Semana 4
Revisión de nuestra vida como compañeros y compañeras en Cristo

PREPARACIÓN

Prepárese espiritualmente. Lea el material para la Semana 4 de la Parte 5, haga todos los ejercicios, y mantenga un diario junto con los participantes. Pase tiempo en oración buscando la dirección de Dios para la reunión del grupo, y ore por cada participante.

Prepare los materiales y el lugar. Escoja sus cantos y junte los himnarios. Arregle las sillas en un círculo con una mesa al centro y una vela.

Revise el propósito de la reunión: Que el grupo de miembros continúen explorando las maneras en que Dios nos dirige en nuestra vida personal y comunitaria, y que los miembros del grupo puedan experimentar un modelo de discernimiento de un grupo pequeño.

APERTURA (10 MINUTOS)

Dé la bienvenida a todos los miembros del grupo personalmente conforme vayan llegando.

Establezca el contexto.

Esta es la cuarta de cinco reuniones sobre la dirección espiritual y la penúltima de las reuniones pactadas en *Compañerismo en Cristo*. Continuaremos explorando otros aspectos de la dirección espiritual de grupos, incluyendo un proceso de discernimiento en la segunda mitad de nuestro tiempo juntos.

Únanse en adoración.

- Encienda una vela para recordarnos de la luz de discernimiento y sabiduría del Espíritu de Dios en medio nuestro.

- En actitud de oración lea Juan 16:12-13. Invite al grupo a meditar en estas palabras y a contemplar qué nuevas verdades el Espíritu ha llevado a los cristianos a entender desde que Cristo caminó en esta tierra.

- Recuerde a la gente que cualquier proceso de discernimiento de la verdad de Dios en nuestro tiempo está basada en la promesa contenida en este texto.

- Dé tiempo para oraciones de acción de gracias y súplicas según la gente se sienta movida a hacerlas.

- Canten unas cuantas estrofas de un coro o himno pidiendo dirección, puede ser «Grande es tu fidelidad», #30 y «Jehová te guiará», #235.

INTERCAMBIO DE IDEAS (45 MINUTOS)

Pida a los miembros del grupo que identifiquen dónde han experimentado la presencia de Dios en sus vidas durante la semana que pasó.

Invitación a compartir sobre los ejercicios diarios.

- Dé a los participantes unos momentos para que revisen sus diarios.

- Pida a los miembros del grupo que seleccionen un ejercicio y compartan sus diarios. Asegúrese de dar a todas las personas la oportunidad de compartir sus ideas en la toma de decisiones en sus vidas personales y en la iglesia.

- Anímeles a escuchar: Practiquen el escuchar a Dios en las reflexiones y relatos de cada persona.

- Como líder, modele el tiempo de compartir ofreciendo su respuesta primero (muy brevemente) o invite a algún participante que desee hacerlo para que inicie.

- Después de que cada persona haya compartido, invite al grupo a identificar cualquier patrón o temas que hayan surgido.

RECESO (10 MINUTOS)

EXPLORACIÓN PROFUNDA (45 MINUTOS)

Establezca el contexto (10 minutos).

- **En este curso nos hemos enfocado mayormente en el discernimiento en oración de la presencia y llamado de Dios en nuestras vidas personales. Esta semana nos enfocaremos en el discernimiento en grupo, o lo que significa buscar la voluntad de Dios juntos como una comunidad.**

- Invite al grupo a mencionar algunas de las formas en las que nosotros típicamente buscamos dirección y tomamos decisiones en la iglesia. Los ejemplos podrían incluir los siguientes: uso de discursos racionalizados, seguir al líder, agradar a tanta gente como nos sea posible, experimentar revelaciones extraordinarias, hacer lo que la Biblia dice, crear consenso, dejar que la mayoría predomine, seguir procedimientos parlamentarios, hacer negocios como siempre, y así sucesivamente. ¿Qué acercamientos a la toma de decisiones son típicos en nuestra iglesia?

- **La práctica que únicamente pertenece a la iglesia es el discernimiento en oración. Está basada en la fe bíblica que Dios nos ama y anhela dirigirnos en el camino que lleva a la vida. En el discernimiento en oración, confiamos que Cristo es la cabeza de su cuerpo, la iglesia. Dependemos del Espíritu para que nos conozca y dirija en todos los aspectos que afectan la vida cristiana y ministerio en, entre y a través de nosotros/as. Cuando practicamos el discernimiento en oración, Dios puede levantar la comunidad en amor aun cuando trabajamos a través de diferencias en busca de la voluntad de Dios. Un acercamiento al discernimiento en oración es un antídoto a las confrontaciones como adversarios prescritas por los procedimientos parlamentarios y la regla de que la mayoría manda.**

Presente un ejercicio para buscar la voluntad de Dios como grupo (5 minutos).

Aquí están dos opciones:

1. Presente un tema real en su congregación que le preocupe a todo el grupo. Escriba el asunto en un lenguaje sencillo para que el grupo lo considere.

2. O imagine un escenario en el que el grupo es un concilio de líderes de la iglesia. En este escenario, un equipo de entre el grupo es enviado fuera en actitud de oración a considerar la dirección futura de nuestro ministerio común. El equipo regresa con una propuesta simple para que el concilio lo considere (se ofrecen dos versiones alternativas en el recuadro que sigue). Ahora el concilio puede acercarse a la propuesta como un tema para discernir.

PROPUESTA

Proponemos que cada aspecto de la vida congregacional sea adaptado a la luz de la misión de nuestra iglesia: «hacer discípulos de Jesucristo para la transformación del mundo». Las actividades que no apoyen o promuevan esta misión serán eliminadas o transformadas.

O

Proponemos que cada aspecto de la vida congregacional sea adoptado con la intención de ayudar a la gente a crecer hacia la madurez en la vida cristiana, a través de la creciente participación en el corazón, mente y obra de Cristo. Actividades y planes que no apoyen y promuevan esta misión se eliminarán o transformarán.

Dirija al grupo a través de los primeros pasos del proceso de discernimiento en oración (30 minutos). (Refiérase a las Notas del líder de «Pasos para discernir en oración», páginas 185–86. Recuerde a los participantes que los «pasos o principios» se encuentran en la páginas 313–14 del Libro del Participante.) Terminen su tiempo juntos permitiendo que los miembros del grupo reflexionen en esta experiencia.

CLAUSURA (10 MINUTOS)

Canten juntos unas cuantas estrofas de un coro o himno que usted escoja, quizá enfocado en la gratitud.

¿Qué hemos aprendido? Permita que cada persona comparta alguna idea o descubrimiento hecho en esta reunión.

Oren juntos: Invite a los participantes a orar en voz alta según se sientan guiados.

Canten o reciten una bendición.

Notas del líder

PASOS PARA DISCERNIR EN ORACIÓN

Las siguientes son sugerencias para dirigir su grupo a través del ejercicio de discernimiento en oración. Aunque no tendrá el tiempo suficiente para completar más que algunos pasos, trate de cubrir por lo menos hasta el paso llamado «Despojarse de». Entre al proceso seriamente como un esfuerzo real en discernimiento. Como líder, seleccione antes de la reunión una de las dos opciones de la página 183. Usted presentará su selección durante la parte del contexto del ejercicio.

Marco: Si seleccionó un asunto de la vida de su iglesia, ayude al grupo a enfocarse en un asunto o pregunta real de su iglesia que preocupe a todo el grupo y que se entienda rápidamente. Si seleccionó la segunda opción, escoja una de las propuestas sugeridas y ayude al grupo a estar en contacto con el impacto potencial de la política propuesta. Discuta alguna de las implicaciones de esta aplicación en las cosas que la afectan, tal como el equipo de baloncesto en la iglesia, la forma en que se reúne el comité de finanzas, etc.

Fundamento: Invite a los miembros del grupo a pensar sobre un principio guía que puede poner limites apropiados para sus deliberaciones de la misma manera que los bordes de la autopista mantiene a los carros en la dirección correcta. La idea es que cualquier respuesta adecuada debe alinearse con el principio guía. Por ejemplo, un padre debe preguntar: «¿Qué comida debo preparar para mis hijas?», y contestar con una variedad de posibilidades en tanto estén alineadas con un principio guía tal como: «una comida balanceada con la nutrición adecuada». Un principio guía en los asuntos de la iglesia puede ser una breve declaración de misión o una declaración de intención tal como: «que todo lo que hacemos pueda ayudar a la gente a crecer hacia la madurez en la vida cristiana».

Despojarse: Pida a los miembros del grupo que mencionen algunos sentimientos, miedos o prejuicios que pueden limitar su disposición de aceptar posiciones distintas a las suyas propias. Desafíe a cada persona a luchar con la prueba de «indiferencia»: A medida que entro en este proceso, ¿estoy preparado/a para decir que soy indiferente a todo excepto a la voluntad de Dios? Despojarse es crucial para proceder honestamente y fructíferamente con cualquier proceso de discernimiento, así que tome todo el tiempo que sea necesario. Despojarse puede requerir reflexión en silencio, oración, confesión honesta y sinceridad de corazón para preparar el camino para el Señor.

Echar raíces: Invite a los miembros del grupo a recordar textos de la Biblia (Escritura), la sabiduría de nuestra jornada espiritual (tradición), y las experiencias de nuestro caminar con Dios (experiencia) que relacionen sus mentes con el tema (razón). Explore las conexiones que ven o sienten. Confíe en la guía del Espíritu y busque la luz de la verdad.

Escuchar: Considere algunas voces adicionales que el grupo necesita oír.

Explorar: Considere todas las opciones y caminos dentro del principio de dirección.

Perfeccionar: Trabajen juntos para hacer de cada opción lo mejor que puede ser, aun esas opciones que no le gustan. Busque mejorar las opciones con la intención de ofrecer lo mejor de usted a Dios.

Reconsiderar: Dé su mejor opción a Dios, una a la vez, sopesando su disposición como grupo para reconocer una preferencia para una propuesta particular.

Clausura: Pida a cada participante que declare su nivel de aceptación para el camino propuesto. Invite a que cada persona indique cualquier preocupación.

Descanso: Mantenga la decisión en silencio, manténgala en oración cerca de su corazón. ¿Tiene el grupo como un todo un sentido de seguridad o ansiedad, consolación o desolación? ¿Siente que la decisión «*ha parecido bien al Espíritu y a nosotros*» (Hechos 15:28)?

Adaptado de *Discerning God's Will Together* por Danny E. Morris y Charles M. Olsen (Nashville, Tenn.: The Upper Room, 1997), pp. 66–67.

Parte 5, Semana 5
Discernir nuestra necesidad de dirección

Prepárese espiritualmente. Lea el material para la Semana 5 de la Parte 5, haga todos los ejercicios, y mantenga su diario junto con los participantes. Pase tiempo en oración pidiendo apertura a la presencia de Dios y dirección del Espíritu en su tiempo de reunión.

Prepare los materiales y el lugar. Selecciones los cantos y los himnos. Arregle el cuarto con una mesa al centro y una vela. Traiga un rotafolios o pizarra para preparar un dibujo de círculos concéntricos (Libro del Participante, página 338). Traiga una libreta de hojas autoadhesivas de dos colores para que los participantes usen durante la «Exploración profunda». Prepárese para anunciar los arreglos (tiempo y lugar, etc.) para el retiro de clausura si todavía no lo ha hecho.

Revise el propósito de la reunión: Que los participantes exploren la realidad actual en sus congregaciones y empiecen a revisar nuevas posibilidades y lugares para la dirección y cuidado de Dios.

APERTURA (10 MINUTOS)

Dé la bienvenida a todos los miembros del grupo conforme van llegando.

Establezca el contexto.

Esta es nuestra reunión final enfocada en la dirección espiritual y la última reunión regular de *Compañerismo en Cristo*. Será una reunión especial e importante en la cual veremos la misión y ministerios de nuestra congregación a la luz de lo que hemos estado aprendiendo juntos aquí.

Únanse en adoración.

- Empiece encendiendo la vela de Cristo, un signo de la presencia fiel de Dios en medio nuestro desde el comienzo de nuestro tiempo juntos como grupo.

- Invite a una reflexión silenciosa en los dones de estas varias semanas como compañeros en Cristo.

- Invite a las personas para que hagan oraciones dc gratitud o petición según se sientan guiadas.

- Canten un himno o coro de acción de gracias y alabanza. Deje que el grupo sugiera un himno favorito.

INTERCAMBIO DE IDEAS (45 MINUTOS)

Pida a los miembros del grupo que identifiquen dónde experimentaron la presencia de Dios en sus vidas la semana que pasó.

Invitación a compartir sobre los ejercicios diarios.

- Después de dar tiempo para que todos los miembros revisen sus diarios, pídales que compartan primero su respuesta al Ejercicio 3.

- Como líder, modele cómo compartir, ofreciendo su respuesta primero (muy brevemente) o invite a algún participante que desee hacerlo para que inicie.

- Continúe animándoles a que escuchen.

- Después de que cada persona haya compartido, invite al grupo a identificar cualquier patrón o temas que hayan surgido.

RECESO (10 MINUTOS)

EXPLORACIÓN PROFUNDA (45 MINUTOS)

Establezca el contexto para explorar la iglesia como una ecología de cuidado y dirección espiritual (10 minutos).

- Refiérase a la cita de Susanne Johnson al comienzo de los ejercicios diarios para esta semana. Pregunte al grupo, **¿Qué les sugiere la palabra ecología? ¿Qué imágenes le vienen a la mente?** Tome en cuenta las diversas respuestas del grupo.

- Luego anime al grupo a explorar la ecología (orgánica, interrelacionada o de la naturaleza a varios niveles) del cuidado y dirección espiritual en nuestra congregación.

- Pida al grupo que vea la ilustración de los círculos concéntricos de dirección en la iglesia que se encuentra en el Libro del Participante (página 338). Refiérase a los comentarios de Susanne Johnson que se encuentran en las páginas 338–39. Invite a los miembros del grupo a decir palabras o frases que les gustan o sobre las que tienen duda.

Dirija la exploración de la promesa de dirección espiritual en su iglesia (35 minutos).

- Presente el ejercicio: **Este es un ejercicio para comenzar a buscar el llamado y dirección de Dios para nuestra congregación como un medio de cuidado y dirección espiritual. El ejercicio involucra algo de evaluación de la realidad actual, algo de prever algunas posibilidades, y escuchar la voz de la verdad y dirección de Dios para nosotros/as.**

- Ponga un dibujo de los círculos concéntricos en la pared o pizarra usando el rotafolio o tablero de anuncios.

- Dirija al grupo a través del ejercicio en la siguiente manera y en sus propias palabras:

1. *Mencione la realidad actual.* **A solas, medite en el dibujo que está en la pared, de los círculos concéntricos de dirección en la iglesia. Escriba en las notas adhesivas (una idea por hoja) el nombre de cada área activa que usted conozca que necesita cuidado espiritual y dirección en la congregación. Identifique en su mente la que ha sido la más importante para usted y por qué.** (Asegúrese de que cada persona use el mismo color de hojas adhesivas para esta parte del ejercicio. Dé de dos a tres minutos por persona para escribir en las hojitas).

   Como grupo, tomen turnos compartiendo dónde ve usted una área activa de dirección espiritual en su iglesia. A medida que comparte las áreas que usted ha identificado, ponga su notita adhesiva dentro del círculo concéntrico que mejor se relacione. Identifique el área que ha sido más significativa para usted y explique por qué.

2. *Vea la promesa.* **Ahora escriba en una hoja de diferente color otras posibles áreas para cuidado y dirección espiritual en su iglesia que usted cree la gente necesita para poder continuar madurando en la vida cristiana. Identifique en su mente aquella con la que usted se siente más atraído y diga por qué.** (Asegúrese de que cada persona use el mismo color de hojas para esta parte del ejercicio. Dé de tres a cinco minutos).

3. *Reflexione en el cuadro y el regalo que Dios nos ha dado.* Observe las diversas áreas representadas que requieren dirección. ¿Cómo caracterizaría usted los diferentes tipos de dirección representados ahí? ¿Qué dice nuestra gráfica sobre qué tipos de dirección están más y menos disponibles, más y menos se necesitan en este momento? ¿Qué historias bíblicas o himnos han venido a su mente que celebran la realidad y promesa que tenemos representada en la gráfica?

4. *Escuche la voz del Espíritu, nuestro Consejero y Guía.* Permanezcan en silencio por dos minutos. Escuche nuevamente en su mente las preocupaciones, esperanzas y testimonios que usted ha escuchado durante este tiempo juntos y escuche cómo Dios puede estar hablándonos a través de esas palabras. ¿Qué palabra, pensamiento o imagen continúa haciendo eco dentro de usted con respecto a la promesa de nuestra iglesia como una comunidad de gracia y dirección? (Dé de dos a tres minutos de silencio)

Clausura (10 minutos)

Vuelva a encender la vela.

Invitación a compartir: ¿Qué palabra, pregunta, promesa o desafío ha hablado el Espíritu a su corazón mientras veíamos posibilidades para nuestra iglesia? Escuchémonos unos a otros en oración y sin hacer comentarios. Escuche la promesa de dirección espiritual en nuestra iglesia.

Invitación para orar. Que las oraciones estén basadas en lo que acaba de ser compartido, según se sientan movidos a orar.

Canten juntos unas cuantas estrofas de uno de los himnos que le vinieron a la mente durante el tiempo de «Exploración profunda». (Si ningún himno o coro fue mencionado, tenga unas cuantas opciones en mente.)

Recuerde: Este es solo el comienzo de la revisión de nuestra iglesia. Continuemos meditando en la promesa, escuchando el llamado de Dios, y preguntándonos a nosotros mismos qué significa todo esto en relación a la manera en la que participamos y dirigimos en la congregación. Regresaremos a este tema en nuestro retiro de clausura.

Canten una doxología.

Retiro de clausura para
Compañerismo en Cristo

Tarea para el retiro. Junto con los participantes, necesitará pasar algún tiempo preparando las tareas para el retiro de clausura, de la misma manera que ha dedicado tiempo preparando las reuniones semanales con los ejercicios diarios. Revise los pasos de preparación que están impresos en el Libro del Participante. Recuerde que estas tareas para el retiro no requerirán de mucho tiempo como la semana de ejercicios diarios, pero puede necesitar el tiempo equivalente a dos o cuatro de esos ejercicios. Necesitará un tiempo extra para revisar y completar las notas del diario. También necesitará apartar el tiempo necesario para preparar su respuesta creativa a las tareas.

DÍA DE PREPARACIÓN PARA EL RETIRO

Prepare los materiales. Selecciones los cantos/ himnos para usar en el culto, y escoja las lecturas de la Escritura de entre los textos sugeridos. Revise todo el retiro: decida cómo presentar el segmento de narración de un cuento, y familiarícese con la guía de meditación. Seleccione una liturgia sencilla de Comunión que sea familiar a su grupo. (Haga copias de la liturgia o use una que esté impresa en el himnario.) Desarrolle lo que desea decir y cómo desea dirigir a la gente en la reflexión a través de la homilía de clausura. Si usted no tiene ordenación al ministerio, invite a un pastor o pastora a celebrar la Comunión con el grupo. Tenga suficientes copias del material de la página 199 que va a entregar y papel blanco para que escriban sus testimonios. Después del retiro, por favor copie y complete la hoja de evaluación que se encuentra en la página 201 y regrésela a la siguiente dirección: Compañerismo en Cristo, Upper Room Ministries, P.O. Box 340012, Nashville, TN 37203-9540.

Prepare el lugar de reunión. Seleccione el lugar para el retiro (la iglesia o fuera). Arregle por adelantado la provisión del almuerzo y la cena a la hora precisa (gente voluntaria de la iglesia, servicio de entrega de comidas en caja, o comidas provistas por el lugar del retiro u otro lugar). Prepare el espacio para la reunión de grupo para que sea cómodo. Arregle un centro/mesa de adoración teniendo en mente belleza y sencillez (telas, velas, cruz, quizá flores frescas).

Prepárese espiritualmente. Ore por la gracia de Dios para que bendiga y dirija el día del retiro. Pida al Espíritu que prepare a cada participante, incluyéndose a usted, para recibir los mejores propósitos de Dios para el tiempo de clausura juntos.

DÍA DE RETIRO

PARTE 1: ¡CELEBRACIÓN!

9:00   Llegada, compañerismo, desayuno ligero, refrescos

9:30   Alabanzas matutinas: Silencio, cantos, Escritura, silencio, oración, canto, textos de bendición sugeridos: Salmos 36:5-9; 84; 89:1-5; 100; ó 150.

10:00   «Relato de nuestra historia»

Este es un ejemplo de proceso de presentación, que usted puede adaptar de la forma más apropiada para el grupo:

Empezaremos contando el relato de nuestro tiempo juntos como compañeros y compañeras en Cristo. Esta es una ocasión para celebrar lo que ha pasado dentro de y entre nosotros durante las veintiocho semanas que hemos estado en compañerismo. Nos hemos sumergido en lecturas, reflexiones y nuestro diario, y en reuniones donde compartimos la adoración, ideas, preguntas, problemas y nuevas experiencias en el Espíritu. A lo largo del camino, al igual que en la vida, han habido alegrías y frustraciones, tensiones y soluciones, momentos de altas y bajas. Sin embargo, a través de todo esto, hemos crecido en una profunda, rica relación con Dios y nos hemos acercado personalmente.

Así que ahora vamos a celebrar el relato de nuestro tiempo compartido. Así es como lo haremos. Yo (persona líder) empezaré con una sencilla declaración sobre nuestro grupo. Cualquiera puede añadir a lo que yo diga, empezando con esta frase:

«Y luego...»   [Ponga esta lista de frases en el pizarrón o rotafolios.]
«Pero antes de eso...»
«Y mientras estábamos...»
«Y ahí fue cuando...»

La historia se sigue construyendo a medida que cada persona añade una pieza de su experiencia. Puede traer sus imágenes, dibujos, promesas, relatos, salmos y cantos al relato de la historia cuando sienta que es apropiado. Cada persona tendrá dos o tres oportunidades de añadir algo al relato, así que puede decidir cuándo compartir sus expresiones creativas. Por favor, sea sensible. Permita que las otras personas añadan algo al relato antes de que usted contribuya por segunda o tercera vez.

Empezaremos y terminaremos cantando la primera estrofa del himno «Grato es contar la historia», #56. Periódicamente, yo les invitaré a cantar este estribillo durante el momento de contar las historias después de que alguien haya compartido. ¡Aquí vamos!

[La persona líder inicia cantando o designa a alguien que dirija la primera estrofa de «Grato es contar la historia», #56. Luego el líder comienza la historia sobre el grupo, con una frase estilo relato, e invita a que las demás personas participantes hagan sus contribuciones a la historia. Es importante apartar hasta una hora para este proceso, si fuese necesario. Prepárese para las risas y lágrimas, especialmente a medida que la gente comparta sus expresiones creativas. Cuando le parezca que las personas están por terminar su historia, prepárese para cantar el himno otra vez.

Si el proceso de empezar con una de las cuatro frases le parece demasiado artificial (o llega a ser demasiado forzado para el grupo), aquí tiene una alternativa. Empiece con su propio relato de los inicios del grupo, luego permita que las personas continúen el relato de cualquier forma en que se sientan movidas, usando sus expresiones de creatividad como un punto central para decir su parte del relato. Aún pueden iniciar y terminar cantando la primera estrofa de «Grato es contar la historia», #56, y añadir su propia expresión creativa donde sea apropiado.]

11:00   Receso

11:20   Reflexión en el proceso de contar su historia: ¿Cómo lo experimentó?
¿Hubo algo que se dejó fuera que debamos añadir ahora?
¿Hemos aprendido algo nuevo al contar la historia del tiempo que compartimos como grupo?

11:45   Bendición y almuerzo

PARTE 2: INTEGRACIÓN

1:15   **Oraciones de mediodía:** Canto, silencio, lectura de la Escritura (Isaías 55:10-11), oración, canto.

1:30   Meditación dirigida con Juan 21:1-19 (basada en la versión de la Biblia RVR95)

Presente la meditación dirigida. Abajo hay un ejemplo de presentación a la meditación guiada. Siéntase libre de adaptarla como sea conveniente.

> Para ayudarnos a asimilar la experiencia que hemos tenido como compañeros/compañeras en Cristo, y para guiarnos, según vemos, hacia el futuro al cual Dios nos está llamando, vamos a meditar en un pasaje del Evangelio de Juan. Primero leeré todo el texto, luego leeré otra vez en secciones más pequeñas y haré algunas preguntas para nuestra reflexión. Durante el tiempo de reflexión, pueden simplemente meditar interiormente, usar su diario para anotar sus reacciones, dibujar imágenes que vengan a su mente, o usar cualquier combinación de estas maneras de responder. Si desean ver sus Biblias durante los momentos de reflexión, el pasaje es Juan 21:1-19. Pueden marcarlo ahora, luego empiece por escuchar, al menos la primera lectura.

Lea el pasaje completo, a un ritmo suave y con sentido.

Lea nuevamente las siguientes secciones, seguidas por las preguntas indicadas. Dé por lo menos unos 10 segundos de silencio en los puntos suspensivos. Asegúrese de dejar suficiente tiempo para que la gente reflexione, escriba o dibuje sus respuestas entre lectura y lectura de los versículos.

- Lea los versículos 1-3. Luego repita:

  «Simón Pedro les dijo: 'Voy a pescar'. Ellos le dijeron: 'Vamos nosotros también contigo'».

  ¿Hay algunas formas en las que estamos pensado regresar a la vida de la iglesia o la vida personal con la que tenemos más familiaridad?... ¿Qué nos podría tentar a regresar a los viejos patrones familiares?... [Dé unos minutos para reflexión.]

- Lea los versículos 4-6. Luego repita:

  «Echad la red a la derecha de la barca y hallaréis».

  ¿Tenemos la disposición de poner en acción las instrucciones del Señor, aun cuando la forma en la que se nos acerca o las palabras que escuchamos nos parezcan extrañas?... ¿Han percibido alguna instrucción o dirección de Dios en relación a lo que aprendieron de esta experiencia juntos?... Si es así, ¿se han preguntado si tiene algún sentido seguir esas direcciones? [Dé unos minutos para reflexión.]

* Lea los versículos 7-11. Luego repita:

«*Subió Simón Pedro y sacó la red a tierra, llena de grandes peces, ciento cincuenta y tres; y aun siendo tantos, la red no se rompió*».

Estos versículos dan ciertos detalles en particular. ¿Qué cosa en particular nota usted sobre esta pesca?... ¿Qué hemos «pescado» en nuestro tiempo juntos en las pasadas veintiocho semanas?... ¿Qué ha obtenido que hace posible no sólo que se alimente usted, sino también ofrecer alimento espiritual, sólido y abundante a otra gente?... [Dé unos minutos para reflexión.]

* Lea los versículos 12-17. Luego repita:

«*Les dijo Jesús: 'Venid, comed'... Después de comer, Jesús dijo a Simón Pedro: 'Simón, hijo de Jonás, ¿me amas más que estos?' Le respondió: 'Sí, Señor; tú sabes que te quiero'. Él le dijo: 'Apacienta mis corderos'*».

¿Qué nota usted aquí sobre la secuencia de la alimentación?... ¿Cuál es la relación entre ser alimentado por Jesús y responder al llamado para apacentar sus corderos y ovejas?... ¿En qué formas ha experimentado usted «un desayuno en la orilla» con el Cristo resucitado a través de estas semanas?... ¿Cómo cree que Jesús nos está llamando para alimentar sus ovejas?... ¿Cómo seguiremos dejando que el Señor resucitado nos alimente?... [Dé unos minutos para reflexión.]

* Lea los versículos 18-19. (No repita los versículos.)

¿Podemos hacer a un lado nuestro deseo de controlar hacia dónde vamos con lo que hemos aprendido y cuál que puede ser el resultado?... ¿Estamos dispuestos a ir a donde no queremos ir en nuestro esfuerzo por apacentar las ovejas de Jesús?... ¿Cómo seguiremos ahora a Cristo?... ¿Qué significaría seguirle en fe y confiar a medida que nos movemos hacia nuestro futuro?... ¿Qué cree usted que estamos llamados/as a hacer?... [Dé unos minutos para reflexión.]

2:00 **Reflexión personal y escribir el diario con preguntas** (por un período de 30 minutos). Invite a los participantes a continuar su reflexión a solas, basándose en su meditación con este relato y unas cuantas preguntas de resumen. (Distribuya las hojas del material que se encuentra en la página 199.)

2:30 **Compartir en tríadas**

3:00 **Receso**

PARTE 3: ANTICIPACIÓN

3:30   Compartir en plenaria: Una mirada a nuestro futuro

Empiece leyendo Isaías 43:18-19.

Establezca el contexto. **Indique que, al igual que Pedro y aquellos primeros discípulos en el Evangelio de Juan, Dios nos llama a ver más allá de nuestro pasado hacia el nuevo futuro que Dios está creando, aun ahora mismo. La pregunta es, ¿qué percibimos que Dios está haciendo en medio nuestro?**

Explique el proceso. **Basándonos en un atento escuchar de la palabra de Dios en el Evangelio de Juan, ahora entraremos en un tiempo de discernimiento mutuo. Las siguientes preguntas son para responderse en forma meditada, con algún tiempo de silencio entre las respuestas. Seguiremos escuchando la dirección del Espíritu en nuestro interior y entre nosotros y nosotras. Nuestro discernimiento empezará en la dimensión colectiva y luego pasará a la dimensión personal.**

- Preguntas de discernimiento colectivo:

  [La persona líder puede escribir un breve resumen de las respuestas en su libreta de apuntes o en el pizarrón]

  — **¿Qué es lo que queremos continuar de esta experiencia por el bien de la iglesia?**

  — **¿Qué nos ha enseñado nuestra experiencia en este grupo pequeño de formación sobre lo que la iglesia puede ser o lo que nos gustaría que la iglesia llegara a ser?**

  — **¿Qué imagen de «iglesia» (congregación o denominación) viene a su mente cuando pensamos en esto? ¿Tenemos una visión común?**

  — **¿Qué nos está llamado Dios a hacer? ¿O a no hacer?**

  — **¿Cómo compartimos nuestro crecimiento y sentido de llamado en una manera que sea positiva y llamativa en la iglesia, no divisoria?**

- Preguntas de discernimiento personal:

  [La persona líder no necesita apuntar las respuestas a las preguntas personales a no ser que lo desee.]

  — **Conforme ve hacia su propio futuro, ¿qué quisiera continuar de esta experiencia en su vida personal?**

— **¿Qué piensa ahora sobre su disciplina o llamado personal?**

Termine este tiempo de compartir con un oración breve de acción de gracias por la sabiduría recibida, y peticiones por la dirección que usted siente puede ser necesaria. Pueden cantar una estrofa de «Hay momentos», #64, o cualquier otro himno de alabanza.

5:00	Receso para descansar, caminar, recreación
5:45	Cena

PARTE 4: LA SIGUIENTE GENERACIÓN

7:00   **Partir el pan**

Empiece con un himno o un pasaje de la Escritura, que puede ser Isaías 55:12-13.

Establezca el contexto.

Es tiempo de pensar en cómo pasaremos esta experiencia a quienes nos seguirán; cómo «partiremos el pan» que hemos recibido a través de *Compañerismo en Cristo*. Primero, tomaremos un tiempo para escribir nuestros testimonios: cartas, relatos, o notas de ánimo para quienes luego escogerán pasar por *Compañerismo en Cristo*. Esto es, por decirlo así, nuestro «testimonio para la siguiente generación». Pase algunas hojas con este propósito, ya que estos testimonios se traerán como una ofrenda durante el culto de clausura, y se guardarán para usarlos luego (a discreción del liderazgo apropiado de la iglesia) para publicar y reclutar un nuevo grupo de *Compañerismo*.

Permita que los participantes escriban su testimonio (20 minutos).

7:30   **Compartan los testimonios** en el grupo, según los participantes se sientan guiados. Terminen orando por quienes en el futuro estudiarán con *Compañerismo en Cristo*, incluyendo a sus líderes.

8:00   **Receso**

8:15   **Clausura con Servicio de Comunión**
Sermón basado en el texto de Marcos 6:45-52. Desarrolle un breve sermón sobre el tema de «vientos contrarios» o «vientos de proa» (no más de cinco o seis minutos). Use el siguiente bosquejo:

- El contexto de este pasaje es la milagrosa alimentación de los cinco mil (haga paralelos entre el pasaje y este tiempo de transición y clausura para el grupo, y cómo se nos ha alimentado).

- Cuando los discípulos se encontraron en medio de una tormenta, enseguida se olvidaron del milagro que acababan de experimentar y dejaron que la ansiedad los sobrecogiera. Aun cuando Jesús viene hacia ellos a través de los vientos contrarios, ellos piensan que es un fantasma (no real). Esto puede pasarnos fácilmente a nosotros si perdemos de vista la presencia y realidad de Cristo en nuestras vidas diarias.

- *Invitación a reflexionar:* **¿Qué «vientos contrarios» podemos anticipar que nos puedan hacer perder el ánimo, olvidar nuestra experiencia aquí, distraer nuestro foco de Cristo—hasta el punto que podamos imaginar que lo que hemos experimentando aquí sólo era un «fantasma», algo no real? ¿Qué pasos podemos tomar para anticipar, contraatacar y oponernos a los «vientos contrarios» de la vida?**

- Compartan en parejas sus respuestas a estas dos preguntas, y oren unas por las otras.

[Recuerde invitar a las personas a traer sus testimonios como una ofrenda durante el Servicio de Comunión. Puede considerar leer Isaías 55:12-13 como una bendición.]

9:15   Despedida

Preguntas para reflexión personal
BASADOS EN LA MEDITACIÓN DIRIGIDA EN JUAN 21:1-19

¿Cómo hemos recibido alimentación a través de *Compañerismo en Cristo*? ¿Qué hemos «pescado»?

¿Cómo sentimos que el Espíritu nos está guiando para continuar? ¿Cómo podemos hacer lo (ya sea personalmente y en grupo)?

¿Como podríamos dar a nuestra congregación algo de lo que hemos recibido?

Evaluación

uando su grupo haya completado el retiro de clausura de *Compañerismo en Cristo*, por favor comparta sus ideas y experiencias en relación a las preguntas de abajo. Use más hojas si es necesario.

1. Describa la experiencia de su grupo con *Compañerismo en Cristo*.

2. ¿Cómo puede mejorarse *Compañerismo en Cristo* a nivel general o en cualquier parte específica?

3. ¿Tiene planes de seguimiento para su grupo? ¿Qué recursos planea usar, o qué tipo de recursos está buscando?

Escriba a: Compañerismo en Cristo
Upper Room Ministries
P.O. Box 340012
Nashville, TN 37203-9540

O envié un fax a: 615-340-7178

Recursos musicales suplementarios

Queremos darle algunas sugerencias musicales adicionales para cada semana que le sirvan como opciones para los momentos de adoración durante la Apertura y la Clausura en las reuniones del grupo. Confiamos que como líder del grupo usted explore libremente los himnarios de su iglesia, fijándose en las letras que correspondan al tema de la semana. Tiene gran libertad para seleccionar música que corresponda a su contexto y medio ambiente. Naturalmente, le animamos a que se apoye en los dones y habilidades musicales de las personas del grupo.

Como sabemos que cada grupo tiene sus propias preferencias en estilo musical y que los himnarios congregacionales varían significativamente de contenido, le ofrecemos la siguiente lista complementaria de cantos para promover un repertorio musical más extenso para las reuniones semanales. Esta lista presenta música de alabanza contemporánea, himnodia nueva que complementa los himnos tradicionales, y algunas selecciones de música de las Comunidades Taizé y Iona que están ganando la atención de los cristianos alrededor del mundo. (Para ordenar los recursos de música de Taizé y Iona, contáctese con Publicaciones GIA, Inc. 7404 S. Mason Ave., Chicago, IL 60638-9927; visite el sitio de Web (www.giamusic.com); o llame al 1-800-GIA-1358.)

En un grupo pequeño muchas de estas selecciones funcionarán mejor con acompañamiento. Si en su grupo hay alguien que toque piano, guitarra, o cualquier otro instrumento, o usted tiene acceso a dichos instrumentos, le animamos a que use esos recursos. Si no tiene acompañamiento, puede considerar usar música en casetes o discos compactos. Algunas piezas son lo suficientemente sencillas como para enseñarlas al grupo y cantarlas sin acompañamiento.

La música sugerida a continuación puede encontrarse en los siguientes recursos primarios:

- *Gente Nueva,* Discos Compactos (Nashville, Tenn.: Discipleship Resources, 2001)

- *Investidos de poder* (Isabela, P.R.: Isabela Printing, 1997)

- *Regocíjate y Canta,* producido por la Primera Iglesia Metodista de Corona (New York: Morris Publishing, 1995)

- *Tenemos esperanza,* Disco Compacto y Libro de cantos (New York: Global Praise Production, General Board of Global Ministries, 2001)

Estas selecciones están organizadas bajo las cinco partes de *Compañerismo en Cristo* y por semanas dentro de la primera parte. Sugerimos numerosas opciones para la Parte 1, pero muchas de estas opciones pueden usarse para los temas semanales de partes posteriores. En vez de volver a mencionar estas opciones, sugerimos que se fije en los cantos que le agradan a su grupo y mantenga un registro de la música que se puede cantar de nuevo en las semanas siguientes.

REUNION PRELIMINAR
Santo, Santo, Santo
Así como el ciervo brama

PARTE 1: ADOPTAR LA JORNADA: EL CAMINO DE CRISTO
La vida cristiana como peregrinaje (Semana 1)
Escudriñemos nuestros caminos
Ya que has puesto la mano en el arado
Tu fidelidad
Quiero adorarle

La naturaleza de la vida espiritual cristiana (Semana 2)
Espíritu de Dios
Si el Espíritu está aquí
Amémonos de corazón
Espíritu de Dios, llena mi vida
Dime tú que ha escrito Cristo

El fluir y los medios de gracia (Semana 3)
En esta reunión Cristo está

Yo me alegré con los que me decían
Vine a alabar a Dios
De rodillas partamos hoy
Una espiga
Vamos todos al banquete

Compartir peregrinajes de fe (Semana 4)
Nosotros somos el sacrificio
Hay momentos
Eran cien ovejas
Bellas palabras de vida

Vivir como comunidad de pacto (Semana 5)
Jesús me ofreció un pacto de amor
Los que confían en Jehová
Hay un pueblo
Mi corazón está agredecido
El amor

Cantos de Clausura
Estoy confiando, Señor en ti
Alzo mis manos
En el nobre de Jesús se doble
Con alegría saldrás
Puedo confiar en el Señor

PARTE 2: ALIMENTARSE DE LA PALABRA: LA MENTE DE CRISTO

La palabra del Señor es recta
Funda tu casa sobre la roca
Dios es nuestro amparo
Hoy más que nunca, Señor
Toda la armadura del Señor tomad

PARTE 3: PROFUNDIZAR EN LA ORACIÓN: EL CORAZÓN DE CRISTO

Límpiame, Señor
Aunque la higure no florezca
Alzaré mis ojos a los montes

Clama a mí, y yo te responderé

PARTE 4: RESPONDER AL LLAMADAO: EL TRABAJO DE CRISTO

Camina, pueblo de Dios
Cuando se va la esperanza
Enviado soy de Dios
Este momento
Momento nuevo

PARTE 5: EXPLORAR LA DIRECCIÓN ESPIRITUAL: EL ESPÍRITU DE CRISTO

Espíritu de Dios, llena mi vida
Pon aceite en mi lámpara, Señor
Santo eres
Señor, llévame a tus atrios

RETIRO DE CLAUSURA

Amarte solo a ti, Señor
Tú eres el alfarero
Con alegría saldrás
Puedo confiar en el Señor

Notas

PARTE 1

Semana 2
1. Henri J. M. Nouwen, extracto de una conferencia en Scarritt-Bennett Center, Febrero 8, 1991.
2. Janet Wolf, «Chosen for…,» *Upper Room Disciplines 1999* (Nashville, Tenn.: Upper Room Books, 1999), p. 128.

Semana 3
1. *Encounter with God's Love: Selected Writings of Julian of Norwich* (Nashville, Tenn.: Upper Room Books, 1998), p. 16.
2. Agustín, *Confesiones de San Augustín*, traducido por P. Valentín M. Sánchez Ruíz (Madrid: Editorial Apostolado de la Prensa, S.A., 1964), pp. 197–99.
3. Juan Wesley, *Obras de Wesley,* Tomo XI (Franklin, Tenn.: Providence House Publishers, 1998), pp. 62–64.

Semana 5
1. Dietrich Bonhoeffer, *Vida en comunidad* (Buenos Aires: Editorial La Aurora, 1966), p. 22.

PARTE 2

Semana 2
1. M. Robert Mulholland Jr., *Shaped by the Word: The Power of Scripture in Spiritual Formation,* rev. ed. (Nashville, Tenn.: Upper Room Books, 2000), p. 43.

PARTE 3

Semana 1
1. Brother Lawrence, *The Practice of the Presence of God,* trad. Robert J. Edmonson (Orleans, Mass.: Paraclete Press, 1985), p. 93. Hermano Lorenzo era un laico carmelita del siglo diecisiete cuyos escritos en «ejercitarse en la presencia de Dios» han sido amados por cristianos de todas las tradiciones en los siglos intermedios.

Semana 2

1. Bonhoeffer, *Vida en comunidad*, p. 82.
2. Ibid.
3. Ricardo de Chichester, *A Book of Personal Prayer*, comp. René O. Bideaux (Nashville, Tenn.: Upper Room Books, 1997), p. 21.

PARTE 4

Semana 1

1. Eugene H. Peterson, *The Message* (Colorado Springs, Col.: NavPress, 1993), p. 145.

Semana 2

1. Beth Richardson, «The Broken Places», *Alive Now* (May–June 1991), p. 15.
2. Henri J. M. Nouwen, *The Wounded Healer* (New York: Image Books, 1979), p. 94.

Semana 3

1. El servicio de lavado de pies es una adaptacion a uno descrito en el libro *Heartfelt: Finding Our Way Back to God* por Gerrit Scott Dawson (Nashville, Tenn.: Upper Room Books, 1993), pp. 106–7.

PARTE 5

Semana 1

1. Thomas N. Hart, *The Art of Christian Listening* (New York: Paulist Press, 1980), p. 32.
2. Eugene H. Peterson, *Working the Angles: The Shape of Pastoral Integrity* (Grand Rapids, Mich.: William B. Eerdmans, 1987), pp. 103–4.

Sobre los autores

Stephen P. Bryant es editor mundial y publicador, Ministerios del Upper Room.

Janice T. Grana fue la anterior editora mundial y editora ejecutiva de Upper Room Books.

Marjorie J. Thompson es directora del Centro de Liderato Espiritual Pathways, Ministerios del Upper Room.

Oraciones para nuestro grupo de

COMPAÑERISMO *en Cristo* ™

Tarjeta para
la Parte 1
Semana 5
página 58

Firmamos esta tarjeta para indicar nuestro deseo de ser sostenidos en oración y para que se añada nuestro grupo a la lista de la página Web a medida que continuamos nuestra jornada de *Compañerismo en Cristo*. Este ministerio de oración por los grupos de *Compañerismo en Cristo* es una ofrenda del Centro de Oración Viviente de El Aposento Alto y sus numerosos grupos de pacto de oración alrededor del país. Estos grupos de oración han acordado mantenernos en sus oraciones como personas así también como a nuestro grupo una vez que reciban nuestra tarjeta.

Complete y envíe el formulario a:

Upper Room Ministries, Compañerismo en Cristo, P.O. Box 340012, Nashville, TN 37203-9540

Nombre del Líder: _____   E-mail del Líder: _____

Nombre de la Iglesia: _____

Dirección de la Iglesia _____

Ciudad/Estado/Código Postal: _____

E-mail de la Iglesia: _____

Todas las personas miembros del grupo están invitadas a poner su primer nombre en el espacio siguiente:

Para más información sobre fechas y sitios de *Compañerismo en Cristo*, Orientación para Líderes (Entrenamiento básico de un día) y Entrenamientos para Líderes (Entrenamiento avanzado de 3 días), visite **www.companionsinchrist.org**